NOUVEAU TARIF

DES

DROITS D'ENREGISTREMENT

D'HYPOTHÈQUE ET DE TIMBRE

INDIQUANT LES IMMUNITÉS ET PÉNALITÉS FISCALES

PAR

les Rédacteurs du Journal des Notaires et des Avocats

PRIX : **4 fr. 50** *franco*

PARIS

ADMINISTRATION DU JOURNAL DES NOTAIRES ET DES AVOCATS

ET DU RECUEIL GÉNÉRAL DES LOIS (*Commentaires des Lois nouvelles*)

6, rue de Mézières (VI⁰ arrᵗ).

1927

ENREGISTREMENT ET TIMBRE

(Édition mise au courant jusqu'au 1ᵉʳ janvier 1927 inclusivement)

IMMUNITÉS FISCALES

Accidents du travail.

Les ouvriers victimes d'un accident jouissent de plein droit de l'assistance judiciaire dans les instances en règlement des frais et indemnités réclamés à l'occasion de l'accident.

Les procès-verbaux, certificats, actes de notoriété, significations, jugements et autres actes faits ou rendus en vertu et pour l'exécution de la loi sont visés pour timbre et enregistrés gratis, lorsqu'il y a lieu à la formalité de l'enregistrement (LL. 9 avril 1898, art. 22 et 29; 13 avril 1900, art. 31).

La législation des accidents de travail a été étendue aux accidents de travail agricole (L. 15 décembre 1922) et aux accidents de travail des gens de maison (L. 2 août 1923).

Acquisitions par les départements et les communes en vue de la revente après lotissement.

Les actes constatant les acquisitions d'immeubles réalisées dans les conditions prévues par la loi du 31 octobre 1919, sont exonérés de tous droits d'enregistrement et d'hypothèque (L. 29 avril 1921, art. 22).

Actes administratifs.

Les actes d'administration publique sont exempts d'enregistrement (L. 22 frimaire an VII, art. 70, § 3, nᵒ 2).

Les minutes de tous les actes, arrêtés, décisions et délibérations de l'administration publique en général et de tous établissements publics (dans tous les cas où aucun de ces actes n'est sujet à l'enregistrement sur la minute) et les extraits, copies et expéditions qui s'expédient ou se délivrent par une administration publique ou un fonctionnaire public, à une autre administration publique ou à un fonctionnaire public, sont exempts de timbre lorsqu'il y est fait mention de cette destination (L. 13 brumaire an VII, art. 16, 1ᵒ).

Tous les actes, arrêtés et décisions des autorités administratives et des établissements publics, autres que ceux portant transmission de propriété, d'usufruit ou de jouissance, les adjudications et marchés de toute nature, et les cautionnements relatifs à ces actes, sont exempts de timbre sur la minute et d'enregistrement tant sur la minute que sur l'expédition (L. 15 mai 1818, art. 80).

Bien qu'emportant transmission, les actes et procès-verbaux de vente, licitation ou échange d'immeubles sont exempts de timbre sur la minute et l'expédition (L. 22 avril 1905, art. 6).

La production des factures et mémoires de travaux ou fournitures n'excédant pas 50 francs dans leur totalité est dispensée du timbre de dimension; mais le détail des fournitures ou travaux doit être présenté dans l'ordonnance ou le mandat de paiement (DD. janvier, mars, avril,

mai 1921, concernant les divers ministères. J. O., 4 juin 1921).

Actes anciens.

Actes authentiques passés en France avant l'établissement de l'impôt; ceux passés en pays étrangers réunis à la France ayant date certaine avant la réunion. Exemption d'enregistrement (L. 22 frimaire an VII, art. 70, § 3, nᵒ 16).

Actes d'avoué à avoué.

Dispense de la formalité du timbre et de l'enregistrement (L. 26 janvier 1892, art. 5).

Actes de l'état civil.

Les actes de naissance, sépulture et mariage reçus par les officiers de l'état civil et les extraits qui en sont délivrés sont exempts d'enregistrement (L. 22 frim. an VII, art. 70, § 3, nᵒ 8).

Rectification d'office. Actes de procédure. Enregistrement et visa pour timbre en débet (L. 25 mars 1817, art. 75).

Tous actes relatifs à la reconstitution des registres et actes de l'état civil détruits par les événements de guerre. Enregistrement et visa pour timbre gratuits (L. 1ᵉʳ juin 1916).

Actes de notoriété ayant pour objet de suppléer aux actes de l'état civil dont les originaux se trouvent en territoire occupé par l'ennemi. Minute à viser pour timbre et à enregistrer gratis (L. 16 mars 1916, art. 2).

Actes de notoriété destinés à suppléer aux actes de l'état civil dont les originaux ont été détruits ou sont disparus par suite de faits de guerre. Visa pour timbre sur la minute et enregistrement gratis (L. 20 juin 1920, art. 2).

Actes du Gouvernement.

Les actes du Corps législatif et du pouvoir exécutif sont exempts de timbre et d'enregistrement (LL. du 13 brumaire an VII, art. 16, 1ᵒ et 22 frimaire an VII, art. 70, § 3, nᵒ 1).

Admission à domicile.

Exemption du droit d'enregistrement (L. 31 juillet 1920, art. 22).

Administration générale.

Les registres des administrations publiques, des établissements publics, tribunaux, receveurs des contributions et autres préposés publics sont exempts du timbre (L. 13 brumaire an VII, art. 16, § 2).

Affiches.

Affiches émanées de l'autorité publique. Exemption de timbre (L. 9 vendémiaire an VI, art. 56).

Affiches manuscrites concernant exclusivement les demandes et offres d'emplois. Exemption de timbre (L. 26 juillet 1893, art. 18).

Offres et demandes de travail et d'emplois émanant des bureaux de placement gratuits. Affiches imprimées ou non. Exemption de timbre (LL. 14 mars 1904, art. 5 et 25 juin 1920, art. 43).

Sont assimilés aux enseignes et exempts du droit de timbre, les affiches et tableaux-annonces apposés à l'intérieur d'un établissement où le produit est annoncé en vente ou à l'extérieur, sur les murs mêmes de cet établissement ou de ses dépendances, lorsque les affiches ou tableaux-annonces ont exclusivement pour objet d'indiquer le produit vendu (L. 8 avril 1910, art. 22).

V. *Élections*; *Chambres d'agriculture*; *Conciliation*; *Arbitrage*.

Affirmations.

Les affirmations des procès-verbaux des employés, gardes et agents salariés par la République sont exemptes d'enregistrement (L. 22 frimaire an VII, art. 70, § 3, nᵒ 12).

Aliénés.

Demande d'élargissement. La requête, le jugement et les autres actes sont visés pour timbre et enregistrés en débet (L. 30 juin 1838, art. 29).

Arbitrage facultatif entre patrons et ouvriers.

Actes faits en exécution de la loi. Dispense de timbre et enregistrement gratis (L. 27 décembre 1892, art. 14).

Archives hypothécaires détruites ou disparues au cours de la guerre

Actes et pièces relatifs à l'exécution de la loi sur la reconstitution des archives. Dispense de timbre et d'enregistrement (L. 10 mars 1922, art. 17).

Armées de terre et de mer.

Les engagements, enrôlements, congés, certificats, cartouches, passeports, quittances de prêt et fourniture, billets d'étape, de subsistance et de logement, tant pour le service de terre que pour le service de mer et tous autres actes de l'une et l'autre administration, non assujettis à l'enregistrement par une disposition spéciale, sont affranchis de cette formalité (L. 22 frimaire an VII, art. 70, § 3, et nᵒ 13) et exempts de timbre (L. 13 brumaire an VII, art. 16, § 1).

V. *Recrutement de l'armée*; *Service militaire*.

Assistance judiciaire.

Formalités en débet (LL. 22 janvier 1851 et 10 juillet 1901).

Assistance médicale gratuite.

Certificats, significations, jugements, contrats, quittances et autres actes faits en exécution de la loi. Dispense du timbre et enregistrement gratuit (L. 15 juillet 1893, art. 32).

Assistance obligatoire en faveur des vieillards, des infirmes et des incurables privés de ressources.

Actes faits en vue de l'assistance. Dispense de timbre et gratuité de l'enregistrement (L. 14 juillet 1905).

Assistance aux familles nombreuses.

Certificats, significations, jugements, contrats, quittances et autres actes faits eu vertu de la loi et ayant exclusivement pour objet le service de l'assistance aux familles nombreuses et nécessiteuses. Dispense de timbre et gratuité de l'enregistrement (L. 14 juillet 1913, art. 10). Pourvois contre les décisions des Conseils de préfecture relatives au domicile de secours. Dispense de timbre (L. 14 juillet 1913, art. 6).

Assistance aux femmes en couches.

Pourvois contre les décisions des Conseils de préfecture relatives au domicile de secours. Dispense de timbre (L. 15 juillet 1914).

Associations ouvrières.

Actes d'association et ceux constatant les prêts consentis par l'Etat. Enregistrement gratis (L. 15 novembre 1848, art. 1er).

Assurances mutuelles agricoles.

Sociétés et Caisses d'assurances mutuelles agricoles créées par la loi du 4 juillet 1900. — Exemption des droits de timbre et d'enregistrement, sauf du droit de timbre des quittances (L. 4 juillet 1900).

Attestation de créancier prévue par la loi du 25 février 1901 (art. 6).

Sous quelque forme qu'elle soit délivrée, même par acte notarié. Exempte de timbre et d'enregistrement (L. 25 février 1901, art. 6).

Autorisation de se faire naturaliser ou de servir à l'étranger.

Exemption du droit d'enregistrement (L. 31 juillet 1920, art. 22).

Avances sur titres.

Actes d'avances sur titres de fonds d'Etat français ou de titres émis par le Trésor français. — Dispense de timbre et enregistrement gratis (L. 11 septembre 1919, art. 1).

Bains-douches.

Les sociétés de bains-douches bénéficient des immunités accordées aux sociétés d'habitations à bon marché par les art. 62, 63, 64 et 65 de la loi du 5 décembre 1905 (Même loi, art. 69).

Banques populaires.

Les pièces visées par l'art. 4 du décret du 31 janvier 1918 et par l'art. 10 du décret du 3 mars 1920, comme devant être produites à l'appui des demandes d'avances formulées par les Banques populaires, sont dispensées de timbre (DD. 31 janvier 1918, art. 4 et 3 mars 1920, art. 10).

Bateaux à vapeur.

Contraventions. — Procès-verbaux. Enregistrement et visa pour timbre en débet (L. 21 juillet 1856, art. 22).

Baux à loyer.

Modifications apportées par l'état de guerre. — Les décisions, ainsi que les extraits, copies, grosses ou expéditions qui en sont délivrés, et généralement tous les actes de procédure auxquels donne lieu l'application de la loi sont visés pour timbre et enregistrés gratis (L. 9 mars 1918, art. 53).

Baux ruraux.

Résiliations et exonérations. — Les décisions, ainsi que les extraits, copies, grosses ou expéditions qui en sont délivrés, et généralement tous les actes de procédure auxquels donne lieu l'application de la loi sont visés pour timbre et enregistrés gratis (L. 17 août 1917, art. 20).

Bénéfices de guerre.

V. *Contribution extraordinaire.*

Bien de famille.

La déclaration de constitution d'un bien de famille n'est assujettie à aucun droit particulier lorsqu'elle est contenue dans une donation, un testament ou un contrat de mariage.

La transcription prévue par l'article 9 de la loi du 22 juillet 1909 ne donne lieu à la perception d'aucune taxe au profit du Trésor (L. 8 avril 1910, art. 13).

Brevets d'invention.

Première expédition du brevet. Délivrance sans frais (L. 5 juillet 1844, art. 11).

Prorogation de durée. Décision de la Commission. Registre sur papier non timbré (L. 8 octobre 1919).

Caisses d'assurances en cas de décès et d'accidents résultant de travaux agricoles et industriels.

Certificats, actes de notoriété et autres pièces exclusivement relatives à l'exécution de la loi. Dispense des droits de timbre et d'enregistrement (L. 11 juillet 1868, art. 19).

Caisses d'épargne.

Actes de toute nature nécessaires pour le service des caisses d'épargne postale ou autres. Exemption de timbre et d'enregistrement (L. 9 avril 1881, art. 20).

Certificats de propriété et actes de notoriété exigés pour effectuer le remboursement, le transfert ou le renouvellement des livrets appartenant aux titulaires décédés ou déclarés absents. Visa pour timbre et enregistrement gratuits (L. 20 juillet 1895).

V. *Régions dévastées.*

Caisse nationale des retraites pour la vieillesse

Pensions acquittées par l'Etat comme complément des rentes viagères servies au personnel ouvrier des administrations publiques. Certificats, actes de notoriété et autres pièces. Dispense des droits de timbre et d'enregistrement (L. 30 janvier 1907, art. 7).

Caisse de prévoyance entre les marins français.

Actes de l'état civil, certificats de vie, actes de notoriété, quittances, etc. Exemption des droits de timbre et d'enregistrement (LL. 21 avril 1898, art. 27 et 29 décembre 1905).

Caisses de secours et de retraites des ouvriers mineurs.

Actes n'emportant pas transmission de biens. Exemption des droits de timbre et d'enregistrement (LL. 29 juin 1894, art. 20 et 25 février 1914, art. 14).

Retraites. Affectation d'une somme annuelle d'un million. Commission spéciale. Exemption des droits de timbre et d'enregistrement (L. 31 mars 1903, art. 84 à 98).

Caisse autonome de retraite des ouvriers mineurs.

Actes, documents et pièces quelconques à fournir pour l'exécution de la loi. Dispense des droits de timbre et d'enregistrement (L. 25 février 1914, art. 14).

Actes de procédure, jugements et arrêts concernant les élections des membres du Conseil d'administration. Dispense du timbre et gratuité de l'enregistrement (D. 31 mars 1914, art. 9).

Cartes d'identité.

Cartes délivrées aux étrangers indigents par les préfets et en général à toutes personnes indigentes, ainsi que celles délivrées aux travailleurs étrangers par les bureaux d'immigration. — Exemption de timbre (Décr. 31 décembre 1924, art. 5).

V. *Pensions civiles et militaires; Postes et Télégraphes.*

Cartes de légitimation.

V. *Exportation.*

Casier judiciaire.

Bulletins délivrés à des particuliers. Dispense d'enregistrement, mais droit de timbre de 1 fr. 50 sans décimes (L. 31 juillet 1920, art. 25 et D. 3 août 1926, art. 5).

Demandes de délivrance émanant de particuliers. Exemption de timbre (L. 28 avril 1893, art. 37).

Les actes, jugements et arrêts en matière de notification de casier judiciaire sont visés pour timbre et enregistrés en débet (L. 11 juillet 1900, art. 14).

Certificats de maladie.

Certificats délivrés par les médecins assermentés ou non, quand ces documents concernent des agents accomplissant un service actif de l'Etat. — Exemption du droit et de la formalité du timbre (L. 29 mars 1897, art. 4).

Certificats de propriété.

V. *Régions dévastées.*

Certificats de travail.

V. *Louage d'ouvrage.*

Certificats de vie.

Pensions inscrites au grand livre de la dette viagère.

V. *Pensions civiles et militaires; Caisse nationale des retraites pour la vieillesse.*

Chambres d'agriculture.

Rectification des listes électorales. Réclamations présentées et jugées sans frais (L. 3 janvier 1924, art. 9 et 10).

Actes judiciaires auxquels donnent lieu les instances en rectification à l'exception de celles relatives à des questions d'état. Dispense de timbre et enregistrement gratis (L. 3 janvier 1924, art. 12).

Pourvoi en cassation jugé sans frais ni consignation d'amende (L. 3 janvier 1924, art. 11).

Réclamations déférées au Conseil de préfecture et au Conseil d'Etat. Jugement sans frais (L. 3 janvier 1924, art. 18).

Actes et pièces de ces procédures. Exemption de timbre et enregistrement gratis (L. 3 janvier 1924, art. 20).

Affiches électorales. Exemption de timbre (L. 3 janvier 1924, art. 15).

Chambres des avoués.

Délibérations et toutes pièces y relatives. Exemption du droit d'enregistrement (Arrêté 13 frim. an IX, art. 13).

Chambres des commissaires-priseurs.

Délibérations et toutes pièces y relatives. Exemption du droit d'enregistrement (Arrêté 29 germinal an IX, art. 1er).

Chambres des huissiers.

Actes de la chambre, soit en minute, soit en expédition, à l'exception des certificats et autres pièces à délivrer aux candidats ou à des individus quelconques dans leur intérêt personnel. Exemption du timbre et de l'enregistrement (Décret 14 juin 1813, art. 89).

Chambres des notaires.

Délibérations et pièces y relatives. Exemption d'enregistrement (Ordonnance 4 janvier 1843, art. 20).

Changement ou addition de nom.

Exemption de droit d'enregistrement (L. 31 juillet 1920, art. 22).

Chaussure nationale.

Actes et contrats. Dispense de la double formalité du timbre et de l'enregistrement (L. 23 novembre 1918).

Chemins de fer d'intérêt local.

Toutes conventions relatives aux concessions et rétrocessions de chemins de fer d'intérêt local, ainsi que les cahiers des charges annexés ne sont passibles que du droit fixe de 3 francs (LL. 11 juin 1880, art. 24 et 31 juillet 1913 art. 40). Il en est de même des services publics de transports par voitures automobiles subventionnés par l'Etat ou par les départements (L. 8 avril 1910, art. 15).

Chèques.

Mentions de domiciliation pour paiement, inscrites sur les chèques. — Exemption du droit de timbre (L. 26 janvier 1917).

Cimetières militaires.

Actes relatifs à la création des lieux de sépulture pour les soldats des armées françaises et alliées décédés pendant la durée de la guerre. — Visa pour timbre et enregistrement gratuits (L. 29 décembre 1915, art. 5).

Coffres-forts.

Procès-verbaux d'ouverture en cas de décès. Exemption des droits de timbre et d'enregistrement (L. 19 avril 1918, art. 1er).

Colis postaux.

Actes de toute nature relatifs aux marchés passés par l'Etat. Dispense de timbre et enregistrement gratis (L. 3 mars 1881 art. 8).

Collections publiques.

Sont exemptés des droits de mutation par décès et des droits d'enregistrement des donations entre vifs, les dons et legs d'œuvres d'art, de monuments ou d'objets ayant un caractère historique, de livres, d'imprimés ou de manuscrits, faits aux départements, aux communes et aux établissements pourvus de la personnalité civile, si ces œuvres et objets sont destinés à figurer dans une collection publique (L. 30 juin 1923, art. 24).

Ne sont pas soumis à la taxe de 10 p. 100 sur les objets de luxe établis par l'art. 57 de la loi du 25 juin 1920, les paiements des prix de ventes d'œuvres d'art, de manuscrit ou d'objets ayant un caractère historique, de livres, d'imprimés ou de manuscrits acquis par les départements, les villes et les établissements pourvus de la personnalité civile, si ces œuvres ou objets sont destinés à figurer dans une collection publique (L. 30 juin 1923, art. 25).

Commerçants.

V. *Transaction.*

Comptables publics.

Comptes rendus par eux, ainsi que les doubles, autres que celui du comptable, de chaque compte de recette ou gestion particulière et privée. Registres des receveurs des contributions publiques et autres préposés publics (L. 13 brumaire an VII, art. 16, 1° 4, et 2° § 3).

Compte.

Quittances des fournisseurs, ouvriers, maitres de pension et autres pièces de même nature produites comme justification. Exemption d'enregistrement (C. proc. civ., 537).

Conciliation et arbitrage facultatifs en matière de différends collectifs entre patrons et ouvriers ou employés.

Affiches. Exemption de timbre. Actes faits en exécution de la loi. Dispense de timbre et enregistrement gratuit (L. 27 déc. 1892, art. 12 et 14).

Copie collationnée.

V. *Mutation par décès.*

Conseil de famille.

Procurations prévues par l'art. 412 du Code civil. — Dispense de timbre et d'enregistrement (L. 20 mars 1917).

Conseils de Préfecture et Conseil d'Etat.

Les copies certifiées conformes qui accompagnent les requêtes présentées par application de la loi du 22 juillet 1889 sur la procédure devant les Conseils de préfecture ne sont pas sujets au timbre. Le recours au Conseil d'Etat contre les arrêtés des Conseils de préfecture peut avoir lieu sans frais, en matière : 1° de contributions directes ou de taxes assimilées à ces contributions pour le recouvrement; 2° d'élections; 3° de contraventions aux lois et règlements sur la grande voirie et autres contraventions dont la répression appartient aux Conseils de préfecture, ainsi que d'anticipation sur les chemins vicinaux. Toutefois, l'exemption du droit de timbre n'est applicable aux recours en matière de contributions directes et de taxes assimilées que lorsque la cote est moindre de 30 fr. (L. 22 juillet 1889, art. 3 et 61).

Les copies certifiées conformes qui accompagnent les requêtes visées par l'art. 16 du décret du 31 mai 1910 sur l'organisation du Conseil d'Etat sont rédigées sur papier libre (Décr. 31 mai 1910, art. 10).

Conseils de prud'hommes.

Actes de procédure, jugements et actes d'exécution. Visa pour timbre gratis. Enregistrement en débet (L. 7 août 1850, art. 1er).

Expéditions délivrées par les secrétaires des conseils de prud'hommes. Exemption de timbre (L. 26 janvier 1892, art. 22).

Appel porté devant le tribunal civil. Parties représentées par un ouvrier ou un patron de la même profession. Chefs d'industrie représentés par le directeur-gérant de leur établissement ou par un employé. Procurations sur papier libre (L. 15 juillet 1905, art. 3).

Procès-verbaux, jugements et actes. Objet de la contestation n'excédant pas 20 francs. Enregistrement gratis. Mandataire. Pouvoir sur papier libre (L. 27 mars 1907).

Contributions directes et indirectes.

Les actes et pièces relatifs aux commandements, saisies et ventes ayant pour objet le recouvrement des contributions directes et des taxes assimilées sont exempts de la formalité du timbre et de l'enregistrement (L. 18 juillet 1911, art. 20).

Le même régime s'applique aux poursuites qui ont pour objet le recouvrement d'états exécutoires dressés en vertu des art. 63 de la L. du 18 juillet 1837, 13 de celle du 7 août 1851 et 154 de celle du 5 avril 1884, ou la rentrée de sommes dues aux communes en vertu de contrats ayant force exécutoire par eux-mêmes (L. 18 juillet 1911, art. 21), les actes de poursuites et tous autres actes, tant en action qu'en défense, ayant pour objet le recouvrement des contributions autres que les contributions directes ou taxes assimilées et les mêmes actes en défense concernant ces dernières contributions, lorsque la créance n'excède pas 100 francs, sont enregistrés gratis (LL. 22 frimaire an VII, art. 70. § 2, n° 2 et 16 juin 1824, art. 6).

V. *Conseils de Préfecture.*

Contribution extraordinaire sur les bénéfices de guerre.

Actes concernant les inscriptions, mainlevées ou radiations faites en exécution de la loi réglementant l'exercice du privilège du Trésor. — Dispense de timbre et enregistrement gratis. Dispense de taxe hypothécaire et du droit d'inscription de nantissement de fonds de commerce (L. 10 août 1922, art. 20).

V. *Conseils de Préfecture.*

Crédit national.

La convention conclue entre le ministre des Finances et les fondateurs du Crédit national pour faciliter les réparations des dommages causés par la guerre, les statuts et tous les actes relatifs à la constitution du Crédit national sont dispensés des droits de timbre et d'enregistrement, de même que tous les actes passés entre cette Société et les ayants droit pour constater l'attribution, le versement ou le remboursement des indemnités ou avances, ainsi que tous actes passés entre la même Société et l'État pour l'exécution de la convention susvisée (L. 10 octobre 1919, art. 19).

Culture du lin et du chanvre.

Certificats délivrés par les maires pour l'application de la loi accordant des encouragements pour la culture du lin et du chanvre. — Papier libre (Décr. 8 juillet 1898, art. 2).

Demandes et Offres d'emploi.

V. *Affiches.*

Dette publique.

Les inscriptions sur le grand-livre de la dette publique, leurs transferts et mutations, les quittances des intérêts qui en sont payés et tous les effets de la dette publique inscrits ou à inscrire définitivement. Les inscriptions, mandats et ordonnances de paiement sur les caisses nationales, leurs endossements et acquits sont exempts de la formalité de l'enregistrement (L. 22 frimaire an VII, art. 70, § 3, n° 4).

Les inscriptions sur le grand-livre de la dette publique et les effets publics sont exempts de timbre (L. 13 brumaire an VII, art. 16, § 1er).

Rentes sur l'État. Conversions. Titres ou expéditions à produire. Exemption des droits de timbre et d'enregistrement (LL. 14 mars 1852, art. 9; 12 février 1862, art. 10; 27 avril 1883, art. 12; 7 novembre 1887, art. 9; 17 janvier 1894, art. 12; 9 juillet 1902, art. 12).

V. *Avances sur titres*; *Quittance.*

Diplômes de docteurs en médecine, chirurgiens, dentistes et sages-femmes.

Enregistrement à la préfecture et au greffe. Exemption de timbre et d'enregistrement (L. 30 déc. 1892, art. 9).

Diplômes délivrés par le ministre de l'Instruction publique. Exemption de timbre (Décr. 4 juin 1809, art. 26).

Discipline notariale.

Action d'office du ministère public. Actes de la procédure. Visa pour timbre et enregistrement en débet (Décr. 18 juin 1811, art. 121).

Dispense d'âge pour mariage.

Exemption du droit d'enregistrement (L. 31 juillet 1920, art. 22).

Dispense de parenté pour mariage.

Exemption du droit d'enregistrement (L. 31 juillet 1920, art. 22).

Dommages de guerre.

Procès-verbaux, états descriptifs et autres actes dressés en exécution de la loi du 5 juillet 1917, exclusivement relatifs à la constatation de l'état des lieux faite en vue de la réparation des dommages de guerre. — Dispense des formalités de timbre et d'enregistrement (L. 29 mars 1918, art. 4).

Actes de procédure auxquels donne lieu l'application de la loi devant les commissions cantonales et devant le tribunal des dommages de guerre. — Dispense des formalités du timbre et de l'enregistrement (L. 17 avril 1919, art. 35).

Actes judiciaires, extrajudiciaires ou autres concourant à la passation ou à l'autorisation des cessions ou délégations du droit à indemnité. — Exemption de tous droits de timbre et d'enregistrement (L. 18 juillet 1922, art. 2).

Actes ayant pour objet la cession ou le transport d'indemnités liquidées. — Exemption de tous droits de timbre et d'enregistrement (L. 30 juin 1923, art. 22).

Dommages à la propriété privée.

Plans, procès-verbaux, certificats, significations, paiements, contrats, quittances et autres actes faits en vertu de la loi sur les dommages causés à la propriété privée par l'exécution de travaux publics. — Visa pour timbre et enregistrement gratis (L. 29 décembre 1892, art. 19).

Echanges individuels d'immeubles ruraux.

Plans, procès-verbaux, certificats, significations, délibérations, jugements, contrats, quittances et généralement tous les actes ou formalités relatifs à l'application de la loi du 27 novembre 1918, ayant pour objet de faciliter le remembrement de la propriété rurale. — Exemption de tous droits de timbre d'enregistrement et d'hypothèque (L. 12 août 1919, art. 7), à l'exception des droits de soulte (L. 30 juin 1923, art. 23).

En présence de l'intention manifestée par le Parlement au cours des débats de la loi du 30 juin 1923 de ne pas maintenir le droit de 0 fr. 20 p. 100 (*J. O.*, débats, Chambre, p. 234), ce tarif doit être considéré aujourd'hui comme supprimé.

Ecoles préparatoires de médecine et de pharmacie.

Registres d'inscription et extraits. Exemption de timbre et d'enregistrement (L. 26 juillet 1860, art. 20).

Effets négociables.

Endossements et acquits des lettres de change, billets ou obligations négociables. Exemption d'enregistrement (L. 22 frimaire an VII, art. 70, § 3, n° 15).

Elections.

Elections législatives, municipales et consulaires. Procédure relative aux inscriptions, réclamations et recours, etc. Dispense de timbre et enregistrement gratis (L. 15 mars 1849, art. 13; Décr. 2 février 1852, art. 24; L. 10 avril 1871, art. 4; L. 21 décembre 1871, art. 12; L. 7 juillet 1874, art. 7; L. 30 novembre 1875, art. 20; L. 8 décembre 1883, art. 5; L. 5 avril 1884, art. 14).

Affiches d'un candidat apposées avant la clôture des scrutins. Exemption de timbre (L. 11 mai 1868, art. 3).

V. *Conseils de Préfecture.*

Elèves en pharmacie.

Registres destinés à recevoir l'inscription des élèves stagiaires et extraits de ces registres. — Dispense de la formalité et du droit de timbre (L. 26 juillet 1860, art. 20).

Emigration.

Délits et contraventions. Procès-verbaux des commissaires et consuls. Visa pour timbre et enregistrement en débet (L. 18 juillet 1860, art. 11).

Enfants abandonnés.

Protection des enfants maltraités ou moralement abandonnés. Sont visées pour timbre et enregistrées gratis : 1° la requête des parties intéressées tendant à faire déléguer à l'Assistance publique les droits de puissance paternelle abandonnés par les parents; 2° la requête par laquelle les parents ou tuteurs demandent au tribunal la remise du mineur confié à des particuliers ou à des associations de bienfaisance; 3° la requête présentée par le préfet en vue d'obtenir que le particulier ou l'association soit dessaisi de tout droit sur l'enfant et qu'il soit confié à l'Assistance publique (L. 13 juillet 1889, art. 18, 21 et 23).

Enfants assistés.

Certificats, significations, jugements, contrats, quittances et autres actes exclusivement relatifs au service des enfants assistés. Dispense de timbre et gratuité de l'enregistrement (L. 27 juin 1904, art. 54).

Actes d'émancipation. Comptes de tutelle, mêmes immunités (art. 13 et 16). Tutelle officieuse confiée au nourricier. Procès-verbal de la demande et consentement du conseil de famille. Visa pour timbre et enregistrement gratis (Art. 18).

Contrats de placement. Dispense du timbre (Art. 26).

Décomptes des mois de nourrice et pensions. Exemption de timbre et d'enregistrement (Art. 53).

Enfants naturels.

Reconnaissances. Exemption du droit d'enregistrement (L. 31 mars 1903, art. 9).

Enseignes.

V. *Affiches.*

Etat.

Actes d'acquisition, de partage et d'échange. Enregistrement gratis (L. 22 frimaire an VII, art. 70, § 2, n° 1).

Expédition de Chine.

Pensions et secours aux victimes. Actes nécessaires. Exemption des droits de timbre et d'enregistrement (L. 31 mars 1903, art. 62).

Expéditions.

V. *Conseils de prud'hommes*; *Justices de paix.*

Exportation.

Certificats d'origine pour les marchandises françaises destinées à l'exportation. Exemption de timbre (L. 25 février 1901, art. 23).

Cartes de légitimation exigées des commis-voyageurs à l'étranger, délivrées par les Chambres de commerce en exécution de l'article 16 de la loi du 9 avril 1898. Exemption de timbre (L. 25 février 1901, art. 23).

Expropriation.

Alignement, dommages causés par les travaux publics, voirie urbaine vicinale et rurale. Tous actes en général. Gratuité (LL. 3 mai 1841, art. 58; Décr. 26 mars 1852, art. 2 et 9; 26 décembre 1892, art. 19; 13 avril 1900, art. 3).

Faillites.

Déclarations de cessation de paiement, dépôt de bilans, affiches et certificats d'insertion actes de dépôt des inventaires, des transactions et autres actes, procès-verbaux d'assemblées, de dires, d'observations et délibérations de créanciers, états des créances présumées, actes de produit, requêtes adressées au juge-commissaire, ordonnances et décisions de ce magistrat, rapports et comptes des syndics, états de répartition, procès-verbaux de vérification et d'affirmation de créances, concordats ou atermoiements. Exemption des formalités de timbre et d'enregistrement (L. 26 janvier 1892, art. 10).

V. *Réhabilitation des faillis et Règlement transactionnel pour cause de guerre.*

Gage.

V. *Mutation par décès.*

Grande voirie.

V. *Conseils de Préfecture.*

Guerre.

Actes et formalités prévus par la loi du 4 avril 1915 tendant à protéger les propriétaires de valeurs mobilières, dépossédés par suite de faits de guerre dans les territoires occupés par l'ennemi. Exemption de tout droit de timbre et d'enregistrement (L. 4 avril 1915, art. 9).

Actes et formalités prévus par la loi du 16 février 1917 ordonnant la publication au *Bulletin officiel* des oppositions, des numéros des titres au porteur de rentes sur l'État déclarés perdus ou volés à la suite de faits de guerre. — Exemption de tout droit de timbre et d'enregistrement (L. 16 février 1917, art. 3).

V. *Baux à loyer; Baux ruraux; Mutations par décès; Mutilés de la guerre; Navires de la flotte d'État; Pays envahi ou dévasté par l'ennemi; Ravitaillement; Régions dévastées; Règlement transactionnel; Sociétés coopératives de reconstruction formées entre sinistrés; Successions des militaires et des marins; Testaments des militaires; Transaction; Victimes civiles de la guerre.*

Habitations à bon marché.

Contrats de vente de maisons individuelles à bon marché construites par les bureaux de bienfaisance et d'assistance, les hospices ou hôpitaux, les caisses d'épargne, les sociétés de construction ou par des particuliers. Fractionnement des droits. Résolution de vente: Droit fixe de 3 fr. (L. 5 décembre 1922, art. 61).

Sociétés de construction et de crédit. Actes nécessaires à la constitution et à la dissolution de ces sociétés. Dispense de timbre et enregistrement gratis (L. 5 décembre 1922, art. 62).

Pouvoirs donnés par les associés en vue de se faire représenter aux assemblées générales. Dispense de timbre (L. 5 décembre 1922, art. 62).

Ces sociétés sont exonérées du droit de timbre pour leurs titres d'actions et d'obligations (L. 5 décembre 1922, art. 62); elles sont dispensées de l'impôt sur le revenu attribué aux actions, parts d'intérêt et obligations (L. 5 décembre 1922, art. 63).

Prêts consentis ou dépôts effectués par les sociétés et les fondations d'habitations à bon marché, par les associations reconnues d'utilité publique ou par les caisses d'épargne. — Exemption de l'impôt sur le revenu (L. 5 décembre 1922, art. 64 et 68).

Emprunts contractés par les Offices publics d'habitations à bon marché. Dispense de l'impôt sur le revenu. — Titres d'obligations. Exonération des droits de timbre (L. 5 décembre 1922, art. 73).

Dons et legs faits aux Offices publics d'habitations à bon marché. — Droit de 9 p. 100 sans décimes (L. 5 décembre 1922, art. 72).

Tout transfert de propriété à titre gratuit effectué par les communes et les départements au nom des Offices. — Droit fixe de 3 fr. (L. 5 décembre 1922, art. 72).

Rachat par les Offices publics et les sociétés d'habitation à bon marché, des immeubles endommagés par des faits de guerre en vue de la construction d'habitations à bon marché. — Exemption des droits de timbre et enregistrement gratis. (L. 27 octobre 1919, art. 2).

Hypothèques.

Registres de toute nature tenus dans les bureaux d'hypothèques. Bordereaux d'inscription. Pièces produites par les requérants pour obtenir l'accomplissement de formalités hypothécaires, qui mentionnent cet objet et restent déposées au bureau. Reconnaissances de dépôts remises aux requérants, ainsi que les états, certificats, copies et extraits dressés par le conservateur. Exemption de timbre (L. 27 juillet 1900).

Pièces visées par l'art. 2148 du C. c. modifié par la loi du 1er mars 1918 relative à la suppression du registre des inscriptions en matière hypothécaire, comme devant être annexées dans le cas prévu par cet article aux bordereaux d'inscriptions hypothécaires (L. 1er mars 1918, art. 1er).

Indigents.

V. *Cartes d'identité; Mariage; Mineurs et interdits; Passeports; Secours.*

Interdiction.

Action d'office du ministère public. Actes de procédure. Enregistrement et visa pour timbre en débet (D. 18 juin 1811, art. 118).

Inventaire des dettes.

V. *Mutation par décès.*

Jardins ouvriers.

Les sociétés de jardins ouvriers bénéficient des immunités accordées aux sociétés d'habitation à bon marché par les art. 62, 63, 64 et 65 de la loi du 5 décembre 1922 (même loi, art. 69).

Justices de paix.

Expéditions délivrées par les greffiers en matière civile. Exemption de timbre (L. 26 janvier 1892, art. 12).

Délégation du greffier par le juge de paix pour des opérations de scellés. Exemption d'enregistrement (L. 2 juillet 1909).

Légalisations.

Légalisations de signatures d'officiers publics. Exemption d'enregis-trement (L. 22 frimaire an VII, art. 70, § 3, n° 11).

Légitimation

Actes nécessités par les instances ayant pour but d'assurer le bénéfice de la légitimation aux enfants dont les parents se sont trouvés, par suite de la mobilisation et du décès du père, dans l'impossibilité de contracter mariage. — Visa pour timbre et enregistrement gratis (L. 7 avril 1917, art. 1er).

Lignes télégraphiques.

Surveillance. Procès-verbaux. Visa pour timbre et enregistrement en débet (L. 27 novembre 1851, art. 11).

Liquidations judiciaires.

V. *Faillites.*

Livres de commerce.

Les livres de commerce sont affranchis du droit de timbre (L. 20 juillet 1837, art. 4).

Procès-verbaux de cote et parafe. Exemption d'enregistrement (L. 22 avril 1905, art. 9).

Logement et installation des réfugiés ou rapatriés.

Location ou vente d'édifices provisoires. Dispense de la double formalité du timbre et de l'enregistrement (L. 29 mars 1918).

Les inventaires descriptifs et estimatifs des objets mobiliers et les états de lieux sont exempts des formalités de timbre et d'enregistrement. Les mutations de jouissance de biens immeubles résultant de la réquisition d'appartements au profit de réfugiés sont dispensées de la déclaration au bureau de l'Enregistrement (LL. 19 avril 1918, art. 10; 19 octobre 1919 et 17 décembre 1920, art. 1er).

Lotissement d'immeubles.

Plans de morcellement et procès-verbaux de bornage annexés aux actes de lotissement, de partage ou de licitation. Dispense de la double formalité du timbre et de l'enregistrement (L. 1er mars 1918).

Louage d'ouvrage.

Contrats passés entre les chefs ou directeurs des établissements industriels et leurs ouvriers. Exemption de timbre et d'enregistrement (L. 2 juillet 1890, art. 2).

Contrats passés entre les chefs ou directeurs d'établissements commerciaux et d'exploitations agricoles ou forestières et leurs ouvriers. Même exemption (L. 26 nov. 1908, art. 59).

Certificats de travail délivrés aux ouvriers, employés ou serviteurs. — Exemption de timbre et d'enregistrement (LL. 2 juillet 1890, art. 3 et 5 juillet 1917).

Mandats de poste.

Mandats d'articles d'argent émis et payés par la poste, soit en France, soit dans les colonies françaises. Exemption de timbre (L. 18 mars 1879).

Demande de renouvellement du délai de validité des mandats-poste périmés. Exemption de timbre (L. 30 juillet 1913, art. 20).

Mariage.

Lettres patentes de dispense d'âge délivrées à des indigents. Enregistrement gratis (L. 15 mai 1818, art. 17).

Pièces nécessaires au mariage des indigents. Visa pour timbre et enregistrement gratis (LL. 3 juillet 1846, art. 8 et 10 décembre 1850, art. 4).

Les indigents italiens jouissent des mêmes immunités (D. 5 juin 1914).

Notification de l'union projetée, aux père et mère. Visa pour timbre et enregistrement gratis (L. 21 juin 1907, art. 9).

Les actes constatant le dissentiment des ascendants dans les cas prévus par les art. 148, 150, 152 et 158 du Code civil, ainsi que les actes de procédure et de jugement dans l'instance prévue au § 2 de l'art. 152, sont visés pour timbre et enregistrés gratis (L. 10 mars 1913, art. 1er).

Mariage des enfants dont les ascendants sont demeurés en territoire envahi.

Ordonnance dispensant de la notification prescrite par les articles 151 et 154 C. c.— Visa pour timbre et enregistrement gratuits (L. 23 juillet 1916).

Marine marchande.

Les rôles d'équipages et les engagements de matelots et gens de mer de la marine marchande sont exempts d'enregistrement (L. 22 frimaire an VII, art. 70, § 3, n° 13).

Procédure devant les tribunaux maritimes commerciaux. Gratuité (Décr. 24 mars 1852, art. 46).

Marchés de construction de navires. Droit fixe de 6 fr. (L. 7 avril 1902, art. 22).

Mineurs et interdits.

Avis de parents de mineurs et interdits indigents. Procédure de convocation et d'homologation des délibérations. Gratuité (L. 26 janvier 1892, art. 12).

Monts-de-piété.

Procès-verbaux de ventes et tous actes y relatifs, ainsi que tous autres actes de régie. Exemption de timbre et des droits d'enregistrement (Règlement 8 thermidor an XIII, art. 89).

Obligations, reconnaissances et tous actes concernant l'administration de ces établissements. Exemption des droits de timbre et d'enregistrement (L. 24 juin 1851, art. 8).

Monuments commémoratifs.

Sont exemptés de tous droits de timbre d'enregistrement et d'hypothèques les plans, procès-verbaux, certificats, significations, jugements, contrats, quittances, affiches et autres actes passés par l'État, les départements, les communes et les établissements publics ou d'utilité publique, les sociétés particulières ou autres groupements régulièrement constitués, ainsi que les gouvernements alliés, et ayant pour objet exclusif l'érection de monuments aux morts de la guerre ou à la gloire de nos armées et des armées alliées.

Pour bénéficier de cette exemption, les différents actes et pièces doivent faire mention expresse de la loi du 30 juin 1923.

Les dons et legs faits aux collectivités précitées, en tant qu'elles sont affectées par la volonté expresse du donateur ou du testateur à l'érection de ces monuments sont dispensés

des droits de mutation (L. 30 juin 1923, art. 12).

Monuments historiques.

V. *Collections publiques.*

Mutations par décès.

Sont exemptes de l'impôt de mutation par décès les parts nettes recueillies par les ascendants et descendants et par la veuve du défunt dans les successions : 1° des militaires des armées françaises et alliées de terre et de mer morts sous les drapeaux pendant la durée de la guerre actuelle; 2° des militaires qui, soit sous les drapeaux, soit après renvoi dans leurs foyers, seront morts dans l'année à compter de la cessation officielle des hostilités, c'est-à-dire avant le 25 octobre 1920, de blessures reçues ou de maladies contractées pendant la guerre; 3° de toutes personnes tuées par l'ennemi au cours des hostilités ainsi que celles tuées ou décédées dans les conditions déterminées par l'art. 2 de la loi du 24 juin 1919 (LL. 26 décembre 1914, art. 6 et 29 juin 1920, art. 17).

La déclaration de ces successions doit néanmoins être souscrite dans les délais fixés par l'article 24 de la loi du 22 frimaire an VII; elle doit être accompagnée, dans tous les cas, d'un certificat de l'autorité militaire constatant que la mort a été causée par une blessure reçue ou une maladie contractée pendant la durée de la guerre, ou, dans le cas de civils tués par l'ennemi, établissant les circonstances du décès (L. 26 décembre 1914, art. 6).

Sont exempts, tant de la déclaration que du paiement de l'impôt de mutation par décès, les objets et, jusqu'à concurrence de 500 francs, les sommes ou valeurs que possédaient sur eux les militaires des armées françaises et alliées de terre et de mer, ou qui leur étaient dus par l'autorité militaire.

Cette exemption profite à tous les héritiers et légataires même non parents. Elle est subordonnée à la seule condition que l'acte de décès contienne la mention : « Mort pour la France » (L. 9 avril 1918).

Sont exemptes de l'impôt les mutations qui se sont opérées par décès dans les pays réunis à la France, avant la réunion desdits pays (L. 22 frimaire an VII, art. 70, § 3-16°).

Sont exemptés du droit de mutation par décès les acquisitions par décès faites par l'État (L. 22 frimaire an VII, art. 70, § 2-1°).

Sont exemptes des droits de mutation par décès les legs d'œuvres d'art, de monuments ou d'objets ayant un caractère historique, de livres, d'imprimés ou de manuscrits faits aux départements, aux communes et aux établissements pourvus de la personnalité civile, si ces œuvres et objets sont destinés à figurer dans une collection publique (L. 30 juin 1923, art. 24).

Les legs faits aux départements, communes, établissements publics ou d'utilité publique, aux sociétés particulières ou autres groupements régulièrement constitués, ainsi qu'aux gouvernements alliés, en tant qu'ils sont affectés par la volonté expresse du testateur à l'érection de monuments aux morts de guerre ou à la

gloire de nos armes ou des armées alliées sont dispensés des droits de mutation (L. 30 juin 1923, art. 12).

Sont dispensés du timbre :

1° Le certificat délivré par le receveur de l'Enregistrement pour constater l'acquittement du droit de mutation par décès sur les inscriptions nominatives de rentes sur l'État et sur les autres valeurs nominatives (L. du 25 février 1901, art. 15, al. 1er, 2e et 5°);

2° L'inventaire des dettes et l'attestation du créancier produits pour la déduction des dettes dans les déclarations de successions, ainsi que la copie collationnée du titre de la dette (L. 25 février 1901, art. 4 et 6);

3° Les procès-verbaux d'ouverture de coffres-forts, ainsi que le répertoire et le carnet dont la tenue est prescrite à la charge de toute personne ou société qui se livre habituellement à la location des coffres-forts ou des compartiments de coffres-forts (L. 18 avril 1918, art. 1er et 4);

4° La constitution, la réalisation et la restitution du gage constitué pour obtenir des facilités de paiement, par les redevables de droits de succession (L. 14 novembre 1918);

5° Les actes de notoriété visés par l'art. 34 de la loi du 25 juin 1920 pour l'application des tarifs de droits de succession.

V. *Régions dévastées.*

Mutilés de guerre.

Procurations données par les mutilés que la nature de leurs blessures empêche de signer. — Exemption des droits de timbre et d'enregistrement (L. 18 novembre 1916).

Les dons et legs, à titre particulier, faits aux mutilés de guerre frappés d'une invalidité de 50 p. 100, au minimum, bénéficient, jusqu'à concurrence des premiers 100.000 francs, du tarif de 9 fr. p. 100 fr. (L. 25 juin 1920, art. 33).

Nantissement de fonds de commerce.

Registre des inscriptions tenu par le greffier, bordereaux d'inscription, reconnaissance de dépôts, états, certificats, extraits et copies dressés en exécution de la loi. Pièces produites pour obtenir l'accomplissement d'une formalité, qui restent déposées au greffe, et copies qui en seront délivrées, à la condition que ces pièces mentionnent expressément leur destination. Exemption de timbre (L. 17 mars 1909, art. 34).

Naturalisation.

Dispense du droit d'enregistrement (L. 31 juillet 1920, art. 22).

Navires de la flotte d'État.

Cession à des associations coopératives de la marine. — Exemption des droits de timbre et d'enregistrement (L. 9 août 1921).

Notoriété.

V. *Actes de l'état civil; Mutation par décès; Régions dévastées; Retraites des agents des chemins de fer.*

Office central des produits chimiques agricoles.

Tous actes de marché, d'achat ou de cession par l'État et ayant exclusivement pour objet les opérations prévues par la loi sont dispensés des droits et de la formalité de timbre et d'enregistrement (L. 20 juin 1918, art. 5).

Offices publics d'habitations à bon marché.

V. *Habitations à bon marché.*

Opérations de change.

Répertoire. — Exemption de timbre (L. 1er août 1917, art. 2).

Passeports.

Les passeports délivrés par l'administration sont exempts d'enregistrement (L. 22 frimaire an VII, art. 70, § 3, n° 14).

Les passeports délivrés à des indigents sont affranchis de tout droit de timbre (LL. 16 juin 1888, art. 3 et 31 décembre 1917, art. 15).

Patentes.

Les formules de patentes sont exemptes de timbre (L. 4 juin 1858, art. 2).

Pays envahis ou dévastés par l'ennemi.

Sociétés civiles de mines. Transformation en sociétés anonymes. Droit fixe de 6 fr. (L. 25 septembre 1919).

Pêche côtière.

Citations, actes de procédure et jugements. Dispense de timbre et enregistrement gratis (Décr. 9 janvier 1852, art. 21).

Pêche du hareng.

Procès-verbaux de contravention. Visa pour timbre et enregistrement en débet (L. 28 mars 1852, art. 14).

Pêche fluviale.

Procès-verbaux de contravention. Enregistrement en débet (L. 15 avril 1829, art. 47).

Pécules militaires.

Procédure d'attribution aux ayants droit des militaires décédés ou disparus. Exonération de tous frais (L. 29 décembre 1918, art. 5).

Pensions civiles et militaires.

Sont dispensés de timbre :

1° La procuration que les sous-officiers et soldats en retraite ou en réforme donnent à l'effet de toucher pour eux à la Caisse du payeur, les arrérages qui leur sont dus (Décr. 21 décembre 1808, art. 1er);

2° Les certificats de vie produits par les pensionnés militaires (Ord. 20 juin 1817, art. 12);

3° Les certificats délivrés par les maires ou les notaires aux titulaires de pensions inscrites au Grand-Livre de la Dette viagère ou à leurs représentants, lorsqu'ils ne savent ou ne peuvent signer, ou ne peuvent se déplacer et font encaisser les coupons de la pension par un tiers en conformité de la loi du 5 septembre 1919 (L. 5 septembre 1919, art. 3);

4° Les pièces de procédure et le jugement relatifs à la déchéance du droit à la pension, ainsi que les décisions, les extraits et les copies qui en sont délivrés, les recours devant le Conseil d'Etat et généralement tous les actes de procédure auxquels donne lieu l'application de la loi du 31 mars

1919 (L. 31 mars 1919, art. 24, 43 et 44);

5° Les actes de procédure visés par l'art. 2 de la loi du 14 mars 1915, relative aux droits à pension des fonctionnaires civils de l'Etat qui accomplissent, en temps de guerre, un service militaire et de leurs veuves ou orphelins, dans les cas de blessures ou de décès résultant de ce service (L. 14 mars 1915, art. 2);

6° Les cartes d'identité délivrées par les maires, pour permettre aux pensionnés de l'Etat de toucher leur pension sans production d'un certificat de vie (Décr. 31 décembre 1921, art. 5);

7° Les quittances des avances sur pensions faites par la Caisse nationale d'épargne, les Caisses d'épargne ordinaires, les Monts-de-Piété et l'Etablissement des Invalides de la Marine (L. du 26 juillet 1917, art. 10).

Petites propriétés rurales.

Actes d'acquisition de terres d'une valeur de 1.200 fr. au maximum, passés dans l'année qui suivra leur démobilisation, par des fermiers, métayers, ouvriers agricoles, non encore propriétaires, qui s'engagent à cultiver eux-mêmes pendant dix ans. — Dispense du droit de mutation et enregistrement gratis (L. 9 avril 1918, art. 8).

Pétitions.

Pétitions présentées au Corps législatif. Exemption de timbre (L. 13 brumaire an VII, art. 16, § 1er).

Poids et mesures.

Procès-verbaux de contravention. Visa pour timbre et enregistrement en débet (L. 17 avril 1839, art. 42).

Police des chemins de fer.

Procès-verbaux de contravention. Visa pour timbre et enregistrement en débet (L. 15 juillet 1845, art. 24).

Police générale.

Tous actes et procès-verbaux (excepté ceux des huissiers et gendarmes), et jugements concernant la police générale de sûreté et la vindicte publique sont exempts d'enregistrement (L. 22 frimaire an VII, art. 70, § 3, n° 9).

Les procès-verbaux des huissiers et gendarmes, en cette matière, sont enregistrés gratis (L. 22 frimaire an VII, art. 70, § 2, n° 3).

Les actes de police générale et de vindicte publique, ceux des magistrats des parquets non soumis à la formalité de l'enregistrement, les copies des pièces de procédure criminelle qui doivent être délivrées sans frais, sont exempts de timbre (L. 13 brumaire an VII, art. 16, § 1er).

Police du roulage.

Procès-verbaux de contravention. Visa pour timbre et enregistrement en débet (L. 30 mai 1851, art. 19).

Police simple et correctionnelle.

Actes et procès-verbaux des juges de paix pour faits de police; ceux des commissaires de police; ceux des gardes établis par l'autorité publique pour délits ruraux ou forestiers; actes et jugements qui interviennent sur ces actes et procès-verbaux. Enregis-

trement en débet (L. 22 frimaire an VII, art. 70, § 1er).

Ponts à péage.

Actes relatifs au rachat. Dispense de timbre et enregistrement gratis (L. 30 juillet 1880, art. 5).

Postes et Télégraphes.

Les procès-verbaux dressés en France pour constater la présence de timbres-poste étrangers contrefaits ou ayant servi, sur des correspondances adressées en France de l'extérieur sont exempts de la formalité du timbre, à moins qu'il n'en soit fait usage en France (L. 13 avril 1892, art. 4).

Les demandes adressées pour obtenir dans les limites du délai de prescription fixé par la loi du 30 janvier 1907, art. 31, le renouvellement du délai de validité des mandats périmés sont dispensés de timbre (L. 31 juillet 1913, art. 20).

Les cartes d'identité délivrées par l'Administration des Postes dans les conditions déterminées par la loi du 29 mars 1920, sont exemptes de timbre (L. 29 avril 1921, art. 15).

Prisonniers de guerre.

Les actes de procuration, ceux de consentement à mariage et les déclarations d'autorisation maritale à consentir ou à passer par des militaires et marins prisonniers de guerre sont dispensés des droits de timbre et d'enregistrement (L. 7 avril 1918, art. 1er).

Prorogation des échéances.

Effets créés en vue de la prorogation des échéances. Exemption de timbre (L. 27 décembre 1920, art. 3).

Prostitution des mineurs.

Actes de procédure. Jugements. Contrats de placement. Exemption de timbre et d'enregistrement (L. 11 avril 1908, art. 23).

Pupilles de la nation.

Tous les actes ou pièces ayant exclusivement pour objet la protection des pupilles de la nation, sont dispensés de timbre et enregistrés gratis s'ils doivent être soumis à cette formalité (L. 27 juillet 1917, art. 31).

Quittances.

Sont exemptes du timbre les quittances pour sommes n'excédant pas 10 francs quand il ne s'agit pas d'un acompte ou d'une quittance finale sur une plus forte somme (L. 23 août 1871, art. 20).

Sont exempts du même droit les écrits ayant pour objet soit la reprise des marchandises livrées à condition et des enveloppes et récipients ayant servi à des livraisons, soit la déduction de la valeur des mêmes enveloppes ou récipients, que cette reprise ou cette déduction soit constatée par des pièces distinctes ou par des mentions inscrites sur les factures (L. 13 juillet 1911, art. 9).

Sont exempts du droit de timbre les quittances, reçus ou décharges de sommes ou de titres exclusivement relatifs aux opérations d'émission des emprunts autorisés par les lois des 16 novembre 1915, 15 septembre 1916,

26 octobre 1917, 19 septembre 1918 et 30 décembre 1919.

Sont exemptes du droit de timbre les quittances à souche délivrées par les percepteurs des contributions directes aux contribuables pour le montant de leurs impôts directs et des taxes assimilées à ces impôts (LL. 13 brumaire an VII, art. 16 et 23 août 1871, art. 20).

Sont exempts du même droit les quittances ou récépissés délivrés par les comptables du Trésor ou des communes pour constater le paiement de taxes municipales perçues au moyen de rôles établis par l'Administration des contributions directes (L. 1er août 1924, art. 20).

Rapatriés et réfugiés.

V. *Logement et installation.*

Ravitaillement.

Approvisionnement de la population en vivres ou moyens de chauffage. Adjudications et marchés passés par l'État, les départements, les communes et les établissements publics jusqu'au 15 août 1920. — Dispense des formalités de timbre et d'enregistrement (LL. 29 juillet 1916, 23 octobre 1919 et 9 août 1920).

Reboisement.

Les actes nécessaires à la constitution des sociétés de reboisement sont dispensés du timbre et enregistrés gratis s'ils remplissent les conditions prévues à l'art. 68, § 3, n° 4 de la loi du 22 frimaire an VII (L. 31 décembre 1921, art. 22).

Reconstitution agricole et industrielle des départements victimes de l'invasion.

Conventions passées par l'État avec des tiers, et tous actes de marchés, d'achats ou de cessions passés par l'État ou pour son compte et ayant exclusivement pour objet les opérations prévues par la loi. — Dispense des formalités de timbre et d'enregistrement (LL. 3 août 1917, art. 11 ; 6 août 1917, art. 11).

Actes des autorités administratives ayant pour objet la location ou la vente aux habitants des départements atteints par l'invasion, de baraquements ou tous autres édifices provisoires à usage d'habitation ou d'exploitation agricole. — Dispense des formalités de timbre et d'enregistrement (L. 29 mars 1918, art. 4).

Recrutement de l'armée.

Tous les actes, de quelque nature qu'ils soient, faits pour l'exécution des art. 22 et 28 de la loi du 21 mars 1905 sur le recrutement de l'armée, sont visés pour timbre gratis (L. 7 août 1913, art. 48).

Règlement transactionnel pour cause de guerre entre les commerçants et leurs créanciers.

Requêtes initiales et pièces jointes, inventaires, bilans, affiches et certificats d'insertions, déclarations de créanciers portant production, contestation ou opposition et leurs récépissés, listes obligatoires, états des créances admises, propositions de règlement, état des adhésions ou des refus, rapports et comptes des administrateurs et commissaires, requêtes au juge délégué et ordonnance de ce magistrat, règlements transactionnels, déclarations d'appel — Actes affranchis de la formalité du timbre et de l'enregistrement (L. 2 juillet 1919, art. 7).

Régions dévastées.

Sont dispensés des formalités de timbre et d'enregistrement les conventions passées par l'État avec les tiers en exécution des lois des 3 et 6 août 1917, relatives aux opérations d'achat et de cession en vue de la reconstruction agricole ou industrielle des départements victimes de l'invasion ainsi que tous actes de marchés, d'achats ou de cessions passés par l'État ou pour son compte, et ayant exclusivement pour objet les opérations prévues par ladite loi (L. 3 et 6 août 1917, art. 11).

Sont dispensés de la formalité du timbre et de l'enregistrement les actes des autorités administratives ayant exclusivement pour objet la location ou la vente aux habitants des départements atteints par l'invasion, des baraquements et tous autres édifices provisoires à usage d'habitation ou d'exploitation agricole. Sont également dispensés des mêmes formalités les procès-verbaux, états descriptifs et autres actes dressés en exécution de la loi du 5 juillet 1917, relatifs à la constatation de l'état des lieux faite en vue de la réparation des dommages de guerre (L. 29 mars 1918, art. 4).

Les décisions ainsi que les extraits ou copies, grosses ou expéditions qui en sont délivrés et spécialement tous les actes de la procédure à laquelle donne lieu l'application de la loi du 17 avril 1919 sur la réparation des dommages causés par les faits de guerre devant les commissions cantonales et devant le tribunal des dommages de guerre, sont dispensés de la formalité du timbre. Les actes constatant la cession ou la délégation prévue par l'art. 49 de la loi sus-visée sont exempts de tout droit de timbre et d'enregistrement (LL. 17 avril 1919, art. 35 et 47 ; 30 avril 1921, art. 7 à 9 ; 18 juillet 1922, art. 2).

Sont exempts de timbre et soumis pour l'enregistrement à un droit fixe de 6 francs (L. 31 juillet 1920, art. 157) :

1° Les actes ayant pour objet la constitution de groupements de sinistrés en vue des opérations prévues par l'art. 155 de la loi du 31 juillet 1920 :

2° Les actes constatant les conventions passées entre l'État et les sinistrés, ou groupements de sinistrés, ainsi que leurs cessionnaires ou délégataires, conformément à l'art. 152 de ladite loi, ainsi que tous les actes relatifs aux cessions, transferts ou transports à titre onéreux des annuités dues, en vertu de ces conventions ;

3° Les actes afférents aux emprunts contractés par les sinistrés et groupements de sinistrés, ainsi que par leurs cessionnaires ou délégataires et pour lesquels les annuités ont été données en garantie.

Sont dispensés des formalités et exempts des droits de timbre et d'enregistrement les actes nécessaires à la constitution, à la modification et à la dissolution des groupements de reconstitution des immeubles atteints par les événements de guerre et visés par la loi du 15 août 1920, à la condition que ces actes remplissent les conditions prévues par l'art. 68, § 3, n° 4 de la loi du 22 frimaire an VII, ainsi que tous actes passés par ces groupements ou leurs adhérents pour leur fonctionnement et la réalisation de leur objet (L. 15 août 1920, art. 10).

Les mandats de gestion donnés par les sinistrés qui adhèrent aux sociétés coopératives de reconstruction approuvées de percevoir et d'administrer leurs indemnités pour dommages de guerre dans les conditions prévues par la loi du 15 août 1920, sont exempts de tous droits (L. 12 juillet 1921, art. 1).

Les libéralités, dons et legs faits aux unions, sociétés coopératives de reconstruction visées par la loi du 12 juillet 1921, sont exempts de tout droit de timbre et d'enregistrement (L. 12 juillet 1921, art. 13).

Les plans, procès-verbaux, certificats, significations, délibérations, décisions, jugements, contrats, quittances et généralement tous les actes ou formalités relatifs à l'application de la loi du 4 mars 1919 ainsi que les extraits, copies ou expéditions délivrés pour l'exécution des diverses opérations prévues par ladite loi sont exempts des droits de timbre, d'enregistrement et d'hypothèque (L. 29 avril 1921, art. 52).

Les actes faits, les copies et pièces justificatives fournies en exécution de la loi du 19 juillet 1921, relative notamment à la reconstitution des comptes des dépôts et consignations détruits au cours de la guerre, ainsi que tous actes de procédure et d'instance auxquels elle donnerait lieu sont dispensés des droits de timbre et d'enregistrement. Il en est de même pour les actes portant mainlevée des oppositions que la Caisse des dépôts et consignations aurait inscrites d'office, s'il est justifié que la mainlevée avait été donnée au plus tard aux dates respectivement fixées à l'art. 1er de la loi du 19 juillet 1921 (L. 19 juillet 1921, art. 9).

L'expédition de l'attestation requise du déposant d'une Caisse d'épargne ordinaire dont les archives ont été entièrement ou partiellement détruites ou ont disparu par suite de la guerre doit être délivrée sur papier libre. Les divers actes et formalités prévus par les dispositions de l'art. 12 de la loi du 19 juillet 1921 sont exempts de tout droit de timbre. Les héritiers ou ayants cause des titulaires de livrets perdus devront, pour en obtenir le remboursement, produire, outre l'attestation susvisée, des actes de notoriété et certificats de propriété qui seront visés pour timbre gratis. Ces dispositions ne s'appliquent pas aux reconstitutions de comptes effectuées antérieurement à la promulgation de la loi du 19 juillet 1921 (L. 19 juillet 1921, art. 12).

Sont exempts de tous droits de timbre, d'enregistrement et d'hypothèque, les plans, procès-verbaux, certificats, significations, jugements, contrats, quittances et autres actes ou formalités, exclusivement relatifs à l'application des articles 1, 2, 3 et 5 de la loi du 27 juillet 1921 facilitant l'acquisition par les communes dévastées des immeubles endommagés compris dans les plans d'alignement (L. 27 juillet 1921, art. 5).

Registre du commerce.

Immatriculations ou inscriptions requises. Déclarations des parties établies sur papier libre (L. 18 mars 1919, art. 4).

Réhabilitation des faillis.

Production de quittances et autres pièces. Enregistrement non obligatoire (L. 31 mars 1906).

Actes de procédure. Dispense de timbre et d'enregistrement (L. 23 mars 1908, art. 5).

Réintégration dans la qualité de Français.

Exemption de droit d'enregistrement (L. 31 juillet 1920, art. 22).

Remembrement de la propriété rurale.

Plans, procès-verbaux, certificats, significations, délibérations, décisions, jugements, contrats, quittances et généralement tous actes ou formalités exclusivement relatifs à l'application de la loi du 27 novembre 1918, ainsi que les extraits, copies ou expéditions qui en sont délivrés pour l'exécution de ladite loi. — Exemption de tous droits de timbre, d'enregistrement et d'hypothèque (L. 12 août 1919, art. 7).
V. *Régions dévastées.*

Réquisitions civiles.

Actes et contrats. Dispense des droits et formalités de timbre et d'enregistrement (L. 23 novembre 1918, art. 7).

Réquisitions militaires et civiles.

Actes relatifs au règlement de l'indemnité. Dispense de timbre et enregistrement gratis (LL. 18 décembre 1878 et 20 juillet 1918, art. 5).

Sont également dispensés des droits et formalités de timbre et d'enregistrement tous actes ou contrats ayant pour objet des opérations prévues par les lois des 3 août 1917 et 23 novembre 1918 en ce qui concerne les réquisitions civiles (L. 23 novembre 1918, art. 7).

Résiliation des baux ruraux par suite de la guerre.

Pouvoirs donnés par les parties pour comparaître devant la Commission arbitrale : Dispense du timbre et de la formalité de l'enregistrement. — Registre tenu par le greffier : Exemption de timbre. — Décisions de la Commission arbitrale : Visa pour timbre et enregistrement gratis (L. 17 août 1917, art. 16, 19 et 20).

Retraites ouvrières et paysannes.

Toutes pièces exclusivement relatives à l'application de la loi du 5 avril 1910. Timbre et enregistrement gratuits (L. 5 avril 1910, art. 22).

Affiches imprimées ou non, apposées par les caisses d'assurances et ayant pour objet exclusif la vulgarisation des statuts, comptes rendus et conditions de fonctionnement de ces caisses. — Exemption du droit de timbre (LL. 5 avril 1910 et 17 août 1915).

Retraites des agents des chemins de fer secondaires d'intérêt général, des chemins de fer d'intérêt local et des tramways.

Les certificats, actes de notoriété et autres pièces relatives à l'exécution de la loi. Dispense de droits de timbre et d'enregistrement (L. 22 juillet 1922, art. 25).

Revision des procès criminels et correctionnels.

Actes faits ou signifiés à la requête du demandeur en revision postérieurement à l'arrêt de recevabilité. Enregistrement en débet (L. 8 juin 1895).

Rôles.

Les rôles fournis pour l'appel des causes, ceux qui sont émis pour le recouvrement de licences municipales dont l'établissement est autorisé par l'art. 5, § 2 de la loi du 29 décembre 1897 en addition au droit de licence perçu pour le compte du Trésor sont dispensés du droit et de la formalité du timbre (L. 14 décembre 1900).

Saisie-arrêt de salaires.

Il est tenu au greffe de chaque Justice de paix un registre sur papier non timbré sur lequel sont mentionnés tous les actes, décisions et formalités auxquelles donne lieu l'exécution de la section I du chapitre IV, titre III, livre Ier du Code du travail et de la prévoyance sociale.

Tous les actes, décisions, formalités visés par l'art. 72 du livre 1er de ce Code sont rédigés sur papier non timbré, ainsi que les copies prévues, par la section susvisée relative à la saisie-arrêt et à la cession des petits salaires et petits traitements. Les lettres recommandées, les procurations du saisi et du tiers saisi, et les quittances données au cours de la procédure sont exemptes de tout droit de timbre (L. 27 juillet 1921, art. 1er, art. 72 et 73 du Code du travail et de la prévoyance sociale).

Secours.

Quittances des secours payés aux indigents ou des indemnités pour incendies, inondations, épizooties et autres cas fortuits. Exemption de timbre (L. 13 brumaire an VII, art. 16, § 1er).

Service militaire.

Allocations aux soutiens indispensables de famille. Actes faits en exécution de la loi. Visa pour timbre et enregistrement gratis (L. 7 août 1913, art. 48).

Servitudes militaires.

Procès-verbaux de contravention. Enregistrement et visa pour timbre en débet (Décr. 10 et 16 août 1853, art. 31 et 40).

Sociétés civiles de mines

Actes constatant la modification aux statuts de la société et sa transformation en société anonyme. — Enregistrement au droit fixé de 6 fr. (LL. 31 juillet 1920, art. 18 et 31 décembre 1920, art. 9).

Sociétés coopératives de main-d'œuvre

Statuts et actes d'augmentation de capital. — Exemption des droits de timbre et d'enregistrement (L. 26 avril 1917, art. 80).

Sociétés coopératives de reconstruction formées entre sinistrés.

Actes nécessaires à la constitution, à la modification et à la dissolution des groupements de reconstitution. Actes passés par ces groupements ou leurs adhérents pour leur fonctionnement et la réalisation de leur objet. — Dispense des formalités de timbre et d'enregistrement (L. 15 août 1920, art. 10). V. *Régions dévastées.*

Société de crédit immobilier.

Les sociétés qui fonctionnent pour consentir des prêts en vue de l'acquisition de jardins ou champs n'excédant pas un hectare bénéficient des immunités accordées aux sociétés d'habitations à bon marché par les art. 62, 63, 64 et 65 de la loi du 5 décembre 1922 (même loi, art. 70).

Sociétés de reboisement.

V. *Reboisement.*

Sociétés de secours mutuels.

Tous actes intéressant ces sociétés. Exemption des droits de timbre et d'enregistrement (Décr. 26 mars 1852, art. 11).

Procurations des membres des sociétés de secours mutuels, même notariées, pour se faire représenter aux assemblées générales. Exemption de timbre (L. 1er avril 1898).

Sources d'eaux minérales.

Procès-verbaux de contravention. Enregistrement et visa pour timbre en débet (L. 14 juillet 1856, art. 16).

Successions des militaires et des marins.

Pièces produites à l'effet d'obtenir remise ou paiement des objets, sommes ou valeurs dépendant des successions des militaires ou marins tués à l'ennemi et des civils décédés par suite de faits de guerre. — Dispense du timbre et de l'enregistrement (L. 16 avril 1917, art. 1 et 2).

Taxe successorale.

Legs aux départements, communes et établissements publics (L. 31 décembre 1917, art. 15).

Testaments des militaires.

Testaments faits par les militaires pendant la durée des hostilités. — Exemption du timbre et du droit fixe d'enregistrement (L. 16 avril 1917, art. 3).

Transaction

Règlement transactionnel entre les commerçants et leurs créanciers pour cause générale de guerre. — Actes faits en exécution de la loi du 2 juillet 1919. — Affranchissement de la formalité du timbre et de l'enregistrement (L. 2 juillet 1919, art. 21).

Tribunaux pour enfants et adolescents.

Actes de procédure, décisions et contrats de placement prévus par la loi. Exemption de tous droits de timbre et d'enregistrement (L. 22 juillet 1912, art. 13).

Tutelle.

Procurations données aux mandataires des parents, alliés ou amis appelés à composer le conseil de famille. — Dispense des droits de timbre et d'enregistrement (L. 20 mars 1917)

Union postale

Procès-verbaux dressés en France relativement aux timbres-poste étrangers. Exemption des formalités de timbre et d'enregistrement (L. 13 avril 1892, art. 4).

Ventes, licitations et échanges d'immeubles.

Exemption de timbre pour les minutes, originaux et expéditions des actes, procès-verbaux et cahiers des charges (L. 22 avril 1905, art. 6).

Ventes judiciaires d'immeubles.

Remboursement des droits de timbre, d'enregistrement et d'hypothèque. Actes de procédure. Gratuité (L. 23 octobre 1884, art. 4).

Vente d'objets abandonnés ou laissés en gage par les voyageurs aux aubergistes ou hôteliers.

Actes faits en exécution de la loi et spécialement les exploits, ordonnances, affiches, jugements et procès-verbaux. Dispense de timbre et enregistrement gratis (L. 31 mars 1896, art. 8).

Vente d'objets abandonnés chez les ouvriers et industriels

Actes y relatifs. Dispense de timbre et gratuité de l'enregistrement (L. 31 décembre 1903, art. 7).

Victimes civiles de la guerre.

Demandes de pensions. — Dispense de timbre et enregistrement gratis (L. 24 juin 1919, art. 5).

Voyageurs de commerce.

Les certificats d'origine pour les marchandises françaises destinées à l'exportation et les cartes de légitimation exigées des commis-voyageurs à l'étranger qui sont délivrées par les Chambres de commerce en exécution de l'art. 16 de la loi du 9 avril 1898, sont dispensées de timbre (L. 25 février 1901, art. 23).

Warrants agricoles.

Dispense de la formalité du timbre et de l'enregistrement pour les lettres, accusés de réception, renonciations, acceptations, consentements, registres de souscription, etc. (LL. 18 juillet 1898, art. 16 et 30 avril 1906, art. 17).

Warrants hôteliers.

Dispense de la formalité du timbre et de l'enregistrement pour les lettres, accusés de réception, renonciations, acceptations et consentement, le registre d'inscription, la copie des inscriptions de warrant, le certificat négatif, le certificat de radiation (L. 8 août 1913, art. 15).

L'enregistrement du warrant au droit de 0 fr. 50 p. 100 n'est obligatoire qu'en cas de vente prévue pour non-paiement (L. 8 août 1913, art. 15).

TARIF DES DROITS D'ENREGISTREMENT
D'HYPOTHÈQUE ET DE TIMBRE

Dans le tarif des droits d'enregistrement ci-dessous, nous avons indiqué au moyen du renvoi (1) les droits qui restent soumis aux deux décimes et demi anciens et sur lesquels portent également les deux décimes établis par la loi du 22 mars 1924 (en tout cinq décimes).

Certains droits, notamment tous les droits fixes, sont actuellement sans décimes (Décret du 3 août 1926, art. 1er). D'autres en comportent deux. D'autres en ont cinq.

Les droits soumis aux cinq décimes sont ceux qui font l'objet, au tableau ci-dessous, d'un renvoi (1).

Nous signalons, dans chaque tarif, l'addition du double décime, quand il y a lieu.

Là où le tarif est indiqué, sans renvoi ni mention, il n'y a rien à ajouter, le tarif étant applicable tel que.

TARIF.

ABANDONNEMENTS de biens (LL. 22 frim. an VII, art. 68, § 4, n° 4; 28 février 1872. art. 4 et D. 3 août 1926, art. 1er). D. f. 56 fr. 20. V. *Concordats.*

ABANDONNEMENTS pour faits d'assurance ou grosse aventure, *en temps de paix. — Le droit est perçu sur la valeur des objets abandonnés.* D. p. 1 fr. par 100 fr. (1).

Idem *en temps de guerre* D. p. 50 c. par 100 fr. (1) (L. 28 avr. 1816, art. 51, n° 1).

ACCEPTATIONS pures et simples de successions, legs ou communautés, 1° par acte civil, D. f. 22 fr. 50. — *Il est dû un droit par chaque acceptant et pour chaque succession* (LL. 22 frim. an VII, art. 68, § 1, n° 2; 18 mai 1850, art. 8 et 28 février 1872, art. 4). — 2° par acte au greffe, D. f. 33 fr. 70; droit unique, quel que soit le nombre des acceptants et celui des successions acceptées (LL. 22 frim. an VII, art. 68, § 2, n° 6; 28 avril 1816, art. 44, n° 10; 28 février 1872, art. 4; 28 avril 1893, art. 25).

ACCEPTATIONS de transports ou délégations de créances à terme (LL. 22 frim. an VII, art. 68. § 1, n° 3; 18 mai 1850, art. 8; 28 février 1872, art. 4 et D. 3 août 1926, art. 1er). D. f. 22 fr. 50.

ACCROISSEMENT (Droits d'). — Toutes les associations civiles ou religieuses, autorisées ou non, qui admettent l'adjonction de nouveaux membres doivent payer une taxe annuelle et obligatoire, 1° de 0,30 0/0 pour celles qui paient l'impôt de main-morte, et 2° de 0,40 0/0 pour les autres sociétés; ladite taxe calculée sur la valeur brute des biens possédés par ces sociétés, et payable à terme échu dans les trois premiers mois de chaque année (L. 16 avril 1895, art. 3 et 4). Deux décimes en sus.

ACQUIESCEMENTS purs et simples, par acte civil (LL. 28 avr. 1816, art. 43; 28 fév. 1872, art. 4 et D. 3 août 1926, art. 1er). D. f. 22 fr. 50; par acte au greffe, 33 fr. 70.

ACTES DE COMMERCE. Les marchés et traités réputés actes de commerce, *faits ou passés sous signature privée,* sont enregistrés *provisoirement* moyennant le droit fixe de 22 fr. 50. — Les droits proportionnels sont perçus lorsqu'un jugement intervient sur ces marchés, ou qu'un acte public est fait ou rédigé en conséquence (L. 11 juin 1859, art. 22).

Sont également soumis à ce régime les marchés passés par les syndicats de commune et ayant pour objet la gestion de services publics de transport par voitures automobiles, subventionnés par l'Etat ou les départements (L. 1er août 1924, art. 24).

ACTES DE COMPLEMENT d'actes antérieurs enregistrés (LL. 22 frim. an VII, art. 68, § 4, n° 6; 18 mai 1850, art. 8; 28 février 1872, art. 4 et D. 3 août 1926, art. 1er). D. f. 22 fr. 50 s'il s'agit d'actes civils; 11 fr. 20 s'il s'agit d'actes judiciaires.

ACTES AUX GREFFES des tribunaux civils (LL. 28 avr. 1816, art. 44, n° 10; 28 février 1872. art. 4 et D. 3 août 1926, art. 1er). D. f. 33 fr. 70.

— Des cours d'appel (LL. 28 avril 1816, art. 45, n° 6; 28 février 1872, art. 4 et D. 3 août 1926, art. 1er). D. f. 56 fr. 20.

ACTES INNOMÉS, qui ne peuvent donner lieu au droit proportionnel (LL. 22 frim. an VII, art. 68, § 1, n° 51; 18 mai 1850, art. 8; 28 février 1872, art. 4 et D. 3 août 1926, art. 1er). D. f. 22 fr. 50 s'il s'agit d'actes civils; 11 fr. 20 s'il s'agit d'actes judiciaires.

ACTES D'AVOUÉ à avoué devant les tribunaux de première instance et les cours d'appel, ainsi que leurs significations (L. 26 janvier 1892, art. 5, § 1). *Exempts.*

Les conclusions signifiées doivent être pré-

(1) Ce droit reste soumis aux deux décimes et demi anciens et supporte également les deux décimes établis par la loi du 22 mars 1924. Il est donc majoré de 5 décimes.

sentées au Receveur de l'enreg. par l'huissier instrumentaire dans les quatre jours de la signification, à peine de 10 francs d'amende. Les originaux sont visés, cotés et paraphés par les receveurs.

ACTES DE NOTORIÉTÉ (LL. 28 avr. 1816, art. 43, n° 2 ; 28 février 1872. art. 4 et D. 3 août 1926, art. 1er). D. f. 22 fr. 50.

— Passés en France devant les juges de paix, et constatant les ressources des demandeurs en concession de terres en Algérie (D. 23 avril 1852). D. f. 11 fr. 20. — V. *Immunités fiscales*, v^ns Accidents du travail, — Caisses d'épargne, — Caisses d'assurances en cas de décès et d'accidents résultant de travaux agricoles et industriels, — Caisse nationale des retraites pour la vieillesse, — Caisse de prévoyance entre marins français, — Régions dévastées.

ACTE DE RECOURS (premier) en cassation, ou devant le Conseil d'Etat. (LL. 28 avr. 1816 art. 7, n° 1, 19 février 1874, art. 2, 28 avril 1893, art. 22 et D, 3 août 1926, art. 1er). D. f. 187 fr. 50.

En cas de pourvoi contre un jugement de juge de paix (L. 22 décembre 1915 et D. 3 août 1926, art. 1er). D. f. 93 fr. 70.

ACTES REFAITS, pour nullité ou autre motif, sans aucun changement qui ajoute aux objets des conventions ou à leur valeur (LL. 28 avr. 1816, art. 43, n° 3 ; 28 fév. 1872, art. 4 et D. 3 août 1926, art. 1er). D. f. 22 fr. 50.

ACTES SOUS SEINGS PRIVÉS constatant des conventions synallagmatiques. Enregistrement obligatoire (L. 29 juin 1918, art. 12), sauf pour les actes d'avances prévus par L. 11 sept. 1919.

ACTES TRANSLATIFS de propriété, d'usufruit ou de jouissance de biens immeubles, situés soit en pays étranger, soit dans les colonies françaises où le droit d'enr. n'est pas établi (LL. 28 avril 1893, art. 19 et 29 juin 1918, art. 15). D. p. 1 fr. p. 100 sur le prix exprimé en y ajoutant toutes les charges en capital. Double décime en sus.

S'il s'agit d'une cession, opérée en France, de fonds publics, d'actions, d'obligations, de parts d'intérêts, de créances et généralement de valeurs mobilières étrangères, de quelque nature que ce soit, elle est passible du droit proportionnel établi pour les cessions de biens de même nature sis en France (L. 23 août 1871, art. 4, § 2).

ACTES DE TUTELLE OFFICIEUSE (LL. 28 avr. 1816, art. 48, n° 1 ; 28 février 1872, art. 4 et D. 3 août 1926, art. 1er). D. f. 562 fr. 50. — V. *Immunités fiscales*, v° Enfants assistés.

ADJUDICATIONS ou autres actes, soit civils, soit judiciaires, translatifs de propriété à titre onéreux de meubles et objets mobiliers généralement quelconques, même les ventes de biens de cette nature faites par l'Etat (LL. 22 frim. an VII, art. 69, § 5, n° 1 et 25 juin 1920, art. 24). D. p. 5 fr. 50 pour 100 fr. Ce tarif de 5 fr. 50 p. 100 est réduit de moitié pour les ventes d'animaux, récoltes, engrais, instruments et autres objets mobiliers dépendant d'une exploitation agricole (L. 25 juin 1920, art. 24). En cas de vente publique de marchandises ou objets de luxe, le tarif à appliquer est de 10 p. 100 (LL. 31 dé-

cembre 1917, art. 27 et 25 juin 1920, art. 58). Les ventes publiques de meubles à Paris supportent en plus, 1 p. 100 sans décimes (L. du 31 déc. 1900, art. 1 et 10). — V. toutefois *Vente de meubles*. Double décime en sus.

ADJUDICATIONS et tous autres actes civils et judiciaires, translatifs de propriété ou d'usufruit de biens *immeubles* à titre onéreux (LL. 22 frim. an VII, art. 69, § 7, n° 1 ; 28 avr. 1816, art. 52 ; 22 avril 1905, art. 2 et 25 juin 1920, art. 25), même les ventes d'immeubles domaniaux (L. 31 mars 1903, art. 8). D. p. 15 p. 100 sans décimes (L. 4 avril 1926, art. 30). Lorsque l'acheteur déclare dans l'acte de vente qu'il achète l'immeuble en vue de le revendre, le droit est porté à 18 p. 100 sans décimes. Mais, dans ce cas, l'acte de revente ne donnera ouverture qu'à la moitié du droit ordinaire si cet acte est passé dans le délai d'un an. En outre le premier acquéreur qui aura acquitté le droit de 18 p. 100 aura un recours contre le second acquéreur en vue de se faire rembourser la moitié de ce droit (L. 13 juillet 1925, art. 39).

Surtaxe. — La loi 13 juillet 1925, art. 42, établit une surtaxe pour toute vente d'immeubles dont le prix excède 300.000 fr. Le droit est majoré comme suit :

1 p. 100 en principal sur la partie du prix qui excède 300.000 fr.

2 p. 100 en principal sur la partie du prix qui excède 500.000 fr.

Toutefois, la surtaxe n'est pas applicable aux ventes faites sous l'une des formes ci-après :

Vente sur saisie immobilière ou sur conversion de saisie ;

Vente ou licitation de biens de mineurs, d'absents ou d'interdits ;

Vente ou licitation en vue du partage de biens provenant de successions ;

Vente de biens de successions vacantes ou de successions bénéficiaires ;

Vente de biens dotaux dans les cas prévus par l'art. 1558 du Code civil.

En Corse : D. p. 7 fr. 50 p. 100 fr. (LL. 28 avril 1816, art. 52 ; 22 avril 1905, art. 2, et 25 juin 1920, art. 25).

Lorsqu'un acte translatif de propriété ou d'usufruit comprend des meubles et immeubles, le droit est perçu sur la totalité du prix, au taux réglé pour les immeubles, à moins qu'il ne soit stipulé un prix particulier pour les objets mobiliers, et qu'ils ne soient désignés et estimés article par article dans le contrat (L. 22 frim. an VII. art. 9).

La liquidation du droit est fixée par le prix exprimé en y ajoutant toutes les charges en capital (L. 22 frim. an VII, art. 15.)

V. *Licitation.*

ADJUDICATIONS JUDICIAIRES ou par *notaire commis* : — 1° Tous les exploits y relatifs, 15 francs (L. 26 janv. 1892, art. 8) ; 2° 15 ou 18 p. 100 (Voir ci-dessus *Adjudications*) ; 3° 0 fr. 25 par 100 francs sur le prix augmenté de toutes les charges. Ce droit de 0 fr. 25 par 100 fr. est, dans le cas d'adjudication prononcée au profit d'un colicitant, exigible sur la totalité du prix sans qu'il y ait lieu d'en déduire la part re-

venant à l'adjudicataire (L. 26 janv. 1892, art. 15, n°s 3 et 4) (1). Il comporte cinq décimes.

Les ventes au-dessous de 2.000 fr. sont affranchies de cette taxe (*Id.*, art. 16, § 1, n° 1).

Voir ci-avant *surtaxe* établie par la loi du 13 juillet 1925 quand le prix excède 300.000.

ADJUDICATIONS d'immeubles d'une succession aux héritiers *sous bénéfice d'inventaire* (LL. 28 avril 1816, art. 54 ; 18 mai 1850, art. 8 ; 28 fév. 1872, art. 4 et D. 3 août 1926, art. 1er). D. f. 56 fr. 20 (en justice), 22 fr. 50 (devant notaire) et D. p. de transcription, 2 fr. p. 100 fr., plus deux décimes, à moins que les adjudicataires ne soient héritiers que pour une partie.

V. *Licitation.*

ADJUDICATIONS à la folle enchère, de meubles ou immeubles, lorsque le prix n'est pas supérieur à celui de la précédente adjudication (LL. 28 avr. 1816, art. 44, n° 1 ; 28 février 1872, art. 4 et D. 3 août 1926, art. 1er) D. f. 33 fr. 70 ; et si le prix excède celui de la précédente adjudication, 1° meubles (LL. 22 fr. an VII, art. 69, § 5, n° 1 et 25 juin 1920, art. 24). D. p. 5 fr. 50 p. 100 plus deux décimes ; 2° immeubles (LL. 22 frim. an VII, art. 69, § 7, n° 1 ; 28 avril 1816, art. 52 ; 25 juin 1920, art. 25 et 4 avril 1926, art. 30). D. p. 15 ou 18 p. 100 sans décimes.

ADJUDICATIONS au rabais et marchés des administrations locales ou des établissements publics (L. 28 avr. 1816, art. 51, n° 3). D. p. 1 fr. par 100 fr. (1).

ADJUDICATIONS au rabais et marchés faits entre particuliers, qui ne contiennent ni vente, ni promesse de vente d'objets mobiliers (L. 22 frim. an VII, art. 69, § 3, n° 1). D. p. 1 fr. par 100 fr. (1).

Le droit est liquidé sur le prix exprimé ou l'évaluation des objets qui en sont susceptibles (L. 22 frim. an VII, art. 14, n° 4). Dans les marchés de la Guerre concernant l'approvisionnement en denrées, les clauses qui obligent le nouvel adjudicataire à reprendre, contre remboursement, les approvisionnements restant en magasin, sont affranchies du droit proportionnel de mutation (L. du 26 déc. 1901).

ADJUDICATIONS au rabais et marchés dont le prix est à la charge du Trésor public (LL. 15 mai 1818, art. 73 ; 18 mai 1850, art. 8 ; 28 février 1872 ; art. 1-9° et 2 ; 28 avril 1893, art. 19 ; 29 juin 1918, art. 15). D. p. 1 fr. p. 100. Double décime en sus.

ADJUDICATIONS et marchés de toute nature passés par les autorités administratives en France ou hors de France, pour le compte des colonies ou des pays de protectorat, et dont le prix doit être payé par les budgets locaux. D. p. 0 fr. 20 p. 100 (L. 13 mars 1903) (1).

ADJUDICATIONS et marchés de toute nature, ayant pour objet le travail dans les prisons (LL 6 juin 1857 ; 28 février 1872, art. 4 et D. 3 août 1926, art. 1er). D. f. 22 fr. 50.

ADJUDICATIONS et marchés de construction et de vente de navires (L. 7 avril 1902, art 22 et D. 3 août 1926, art. 1er). D. f. 22 fr. 50.

ADJUDICATIONS et marchés concernant les chemins vicinaux (LL. 21 mai 1836, art. 20 ; 28 fév. 1872 art. 4 ; 20 août 1881, art. 18 et D. 3 août 1926, art. 1er). D. f. 11 fr. 20.

---

(1) Ce droit reste soumis aux deux décimes et demi anciens et supporte également les deux décimes établis par la loi du 22 mars 1924. Il est donc majoré de 5 décimes.

ADOPTIONS. 1° Déclaration devant le juge de paix. D. f. 11 fr. 20 (LL. 22 frim. an VII, art. 68; 28 fév. 1872, art. 4 et D. 3 août 1926, art. 1er): 2° Déclaration devant notaire. D. f. 22 fr. 50; 3° par jugement. D. f. 562 fr. 50; 4° par arrêt. D. f. 750 fr.; 5° Rejet par jugement. D. f. 150 fr.; 6° Rejet par arrêt. D. f. 225 fr. (L. 26 janv. 1892, art. 6, 9, 11, 12 et D. 3 août 1926).

AFFECTATIONS d'hypothèque consenties *par les débiteurs* suivant actes postérieurs aux obligations (V. *Actes de complément*). D. f. 22 fr. 50

Consenties *par des tiers*, elles ont le caractère de cautionnement (L. 22 frim. an VII, art. 69, § 3, n° 8). D. p. 50 cent. par 100 fr. — V. *Cautionnements*. Cinq décimes en sus.

AFFECTATION HYPOTHÉCAIRE sur des navires, consentie par acte authentique ou sous seing privé. D. p. 1 fr. par 1.000 fr. (L. 10 juillet 1885, art. 2) (1).

AFFECTATION HYPOTHECAIRE sur bateaux de rivière. Acte constitutif d'hypothèque. D. p. 1 fr. p. 1.000 fr. (L. 5 juillet 1917). Double décime.

AFFIRMATIONS DE PROCÈS-VERBAUX. — V. *Immunités fiscales*.

AFFIRMATIONS de créances en matière de faillite. — V. *Immunités fiscales*, v° Faillite.

ALIMENTS. — V. *Déclarations et Pensions alimentaires*.

AMORTISSEMENT DE RENTE. — V. *Quittance*.

ANTICHRÈSES. — V. *Engagements d'immeubles*.

APPEL DE JUGEMENTS. — Simple police, D. f. 11 fr. 20; Justice de paix, 37 fr. 50; Trib. de 1re instance, 75 fr.

APPRENTISSAGE (*Contrat d'*). L. 22 février 1851, art. 2; L. 28 février 1872, art. 4 et D. 3 août 1926, art. 1er). D. f. 11 fr. 20. — V. *Immunités fiscales*, v° Enfants assistés.

ARRÊTS interlocutoires ou préparatoires des cours d'appel (LL. 26 janvier 1892, art. 17 et 25 juin 1920, art. 28). D. f. 56 fr. 20 (D. 3 août 1926).

ARRÊTS définitifs des cours d'appel : 1° en matière commerciale, D. p. 1 fr. 25 p. 100 fr. (1).

2° en matière civile, D. p. 2 fr. p. 100 fr., avec minimum de 187 fr. 50 (1) (L. 26 janv. 1892, art. 16, §§ 5 et 6 et D. 3 août 1926).

3° portant débouté de demande, D. f. 225 fr. (L. 26 janv. 1892, art. 17, § 4).

ARRÊTS des cours d'appel portant interdiction ou séparation de corps ou de biens (L. 26 janv. 1892, art. 17 et D. 3 août 1926, art. 1er) entre mari et femme. D. f. 281 fr. 20.

ARRÊTS définitifs de la Cour de cassation et du Conseil d'Etat (LL. 28 avr. 1816, art. 47, n° 3; 28 février 1872, art. 4 et D. 3 août 1926, art. 1er). D. f. 281 fr. 20

En matière de pourvois contre des jugements de juges de paix (L. 22 décembre 1915 et D. 3 août 1926, art. 1er). D. f. 140 fr. 60.

ARRÊTS interlocutoires ou préparatoires de la Cour de cassation et du Conseil d'Etat (LL. 28 avr. 1816, art. 46, n° 3; 28 février 1872, art. 4 et D. 3 août 1926, art. 1er). D. f. 112 fr. 50.

En matière de pourvois contre des jugements de juges de paix (L. 22 décembre 1915 et D. 3 août 1926, art. 1er). D. f. 56 fr. 20.

ARRÊTÉS DE COMPTES (LL. 22 frim. an VII, art. 69, § 3, n° 3; 5 mai 1855, art. 15). D. p. 1 fr. p. 100 (1).

ASSISTANCE JUDICIAIRE. — V. *Immunités fiscales*.

ASSURANCE. Actes et contrats contre les accidents corporels et les accidents ou risques matériels, contrats de rentes viagères. *Gratis.* Droits remplacés par une taxe annuelle de 2,25 p. 100 des primes (L. 25 juin 1920, art. 39).

Contrats et assurances sur la vie. *Gratis.* Droits remplacés par une taxe annuelle de 1 fr. 25 p. 100 des primes (LL. 29 janvier 1918, art. 16 et 25 janvier 1920, art. 39).

ASSURANCE CONTRE L'INCENDIE (*actes et contrats d'*), — gratis — droits remplacés par une taxe annuelle de 11 0/0 des primes (1) (LL. 23 août 1871, art. 6, 30 décembre 1873, art. 2 et 25 juin 1920, art. 39).

ASSURANCE MARITIME (*actes et contrats d'*), — gratis — droits remplacés par une taxe annuelle de 1 fr. 52 0/0 des primes (LL. 23 août 1871, art. 6; 30 décembre 1873, art. 2 et 25 juin 1920, art. 39)

ASSURANCE MUTUELLE contre des risques autres que les événements de mer et que l'incendie. D. f. 3 f. (*Acte inhomé*).

ASSURANCE MUTUELLE AGRICOLE gérée gratuitement et ne réalisant aucun bénéfice. V. *Immunités fiscales*.

ATERMOIEMENTS entre débiteurs et créanciers. — *Le droit est perçu sur les sommes que le débiteur s'oblige de payer* (L. 22 frim. an VII, art. 69, § 2, n° 4). D. p. 50 c. par 100 fr. (1). — V. *Concordats*.

ATTESTATIONS pures et simples (LL. 22 frim. an VII, art. 68, § 1, n° 10; 18 mai 1850, art. 8; 28 févr. 1872, art. 4 et D. 3 août 1926, art. 1er). D. f. 22 fr. 50.

— Attestation de créancier prévue par la loi du 25 fév. 1901 (art. 6). — V. *Immunités fiscales*.

AUTORISATIONS pures et simples (LL. 28 avr. 1816. art. 43, n° 5; 28 février 1872, art. 4 et D. 3 août 1926, art. 1er). D. f. 22 fr. 50.

AVAL d'un effet de commerce, billet à ordre ou lettre de change, 1° Sur l'effet, exempt; 2° par acte séparé : si l'effet a été enregistré. D. f. 22 fr. 50; si l'effet n'a pas été enregistré. D. p. 50 c. p. 100 (1) (L. 22 frim. an VII, art. 69 et 70).

AVANCES SUR TITRES autres que les fonds d'Etat français constatées par acte s. s. p. — D. p. 1 p. 100 — (L. 11 septembre 1919, art. 4). Double décime.

---

(1) Ce droit reste soumis aux deux décimes et demi anciens et supporte également les deux décimes établis par la loi du 22 mars 1924. Il est donc majoré de 5 décimes.

AVIS DE PARENTS (LL. 19 juillet 1845, art. 5; 28 février 1872, art. 4; 28 avril 1893, art. 24 et D. 3 août 1926, art. 1er). D. f. 22 fr. 50. — V. *Immunités fiscales*, v° Mineurs.

BAUX à ferme ou à loyer, sous-baux, subrogations, cessions et rétrocessions de baux de biens meubles et immeubles, conventions pour nourriture de personnes lorsque la durée est limitée, sur le prix cumulé de toutes les années, augmenté des charges (L. 25 juin 1920, art. 26). D. p. 0 fr. 60 p. 100. Double décime.

Si le bail immobilier est de plus de trois ans et si les parties le requièrent, le paiement du droit peut être fractionné par périodes triennales (L. 23 août 1871, art. 11, § 7).

BAUX de chasse ou de pêche. — Taxe de 10 p. 100 (L. 31 juillet 1920, art. 19) en sus du droit de bail de 0 fr. 60 p. 100. Double décime.

BAUX d'immeubles dans lesquels l'Etat est preneur (D. 24 juin 1814, 5 déc. 1821 et 13 août 1829; l. 30 juin 1833, 425, § 3). *Gratis.*

BAUX EMPHYTEOTIQUES. Cessions ou rétrocessions de ces baux (LL. 22 frim. an. VII, art. 69, § 7, n° 1; 28 avril 1816, art. 52; 22 avril 1905, art. 2 et 25 juin 1920, art. 25). D. p. 15 fr. p. 100.

L'acte constitutif de l'emphytéose est soumis au droit de 0.60 0/0 (L. du 25 juin 1902, art. 14 et 25 juin 1920, art. 26).

BAUX d'ouvrages ou d'industrie (L. 22 frim. an VII, art. 69, § 3, n° 1; Cass. 23 juill. 1854, 6 fév. 1855). D. p. 1 p. 100 (1). — V. *Contrats de louage*.

BAUX à rentes perpétuelles de biens *immeubles* (LL. 22 frim. an VII, art. 69, § 7, n° 2 et 25 juin 1920, art. 25). D. p. 8 fr. p. 100. Double décime en sus.

BAUX de biens immeubles à durée illimitée (LL. 22 frim. an VII, art. 69, § 7, n° 2 et 25 juin 1920, art. 25). D. p. 8 fr. p. 100. Double décime.

BAUX de biens meubles pour un temps illimité (LL. 22 frim. an VII, art. 69, § 5, n° 2 ; 25 juin 1920, art. 24 et 13 juillet 1925, art. 43). D. p. 5 fr. 50 par 100 fr. Double décime.

BAUX à vie d'immeubles (LL. 22 frim. an VII, art. 69, § 7, n° 2 et 25 juin 1920, art. 25). D. p. 8 fr. par 100 fr. Double décime.

BAUX et concessions sur le domaine public (Inst. 26 nov. 1901, n° 3065). D. p. 0,60 0/0 lorsqu'ils sont assujettis à l'enregistrement. Double décime.

BIEN DE FAMILLE. — Déclaration de constitution. lorsqu'elle forme l'objet unique d'un acte notarié. D. f. 22 fr. 50. (L. 8 avril 1910, art. 13 et D. 3 août 1926, art. 1er). — V. *Immunités fiscales*.

BILAN. — V. *Immunités fiscales*, v° Faillite.

BILLETS à ordre, et tous autres effets négociables de particuliers ou de compagnies, y compris les lettres de change tirées de place à place. — *Les effets négociables de cette nature pourront n'être présentés à l'enr. qu'avec les protêts qui en auront été faits* (LL. 22 frim. an VII, art. 69, § 2, n° 6 et 28 février 1872, art. 10). D. p. 50 c. p. 100 fr. (1).

Toutefois, les billets à ordre passés devant notaire doivent être enregistrés dans le délai prévu pour les actes notariés.

BILLETS à ordre notariés contenant constitution d'hypothèque (L. 31 décembre 1921, art. 24) D. p. 3 fr. par 100 fr. Double décime.

BILLETS au porteur (D. 10 mai 1808, 29 juin 1808; Inst. 386, n° 8). D. p. 50 c. par 100 fr. (1).

BILLETS simples (LL. 22 frim. an VII, art. 69, § 3, n° 3; 16 mai 1855, art. 15). D. p. 1 fr. p. 100 (1).

BREVET D'INVENTION (Cession ou licence de). D. p. 5 fr. 50 p. 100 ou 0 fr. 60 p. 100 suivant qu'il s'agit d'une mutation de propriété ou de jouissance (L. 25 juin 1920, art. 24 et 26). Double décime.

BULLETIN de gage. — V. *Warrant*.

BULLETIN DE CASIER JUDICIAIRE — V. *Immunités fiscales*, v° Casier judiciaire.

CAHIERS des charges, par acte séparé de l'adjudication (*Actes innomés*). En justice, D. f. 11 fr. 20: — Devant notaire, D. f. 22 fr. 50.

CAUTIONNEMENTS de baux de toute nature *à durée limitée* (LL. 16 juin 1824, art. 1 et 25 juin 1920, art. 26). D. p. 0,30 p. 100 fr. Double décime.

CAUTIONNEMENTS des comptables envers l'Etat (L. 22 frim. an VII, art. 69, § 2, n° 8). D. p. 0,25 p. 100 fr. (1).

CAUTIONNEMENTS en immeuble ou en rentes des conservateurs des hypothèques (LL. 21 vent. an VII, art. 5; 18 mai 1850, art. 8; Décr. du 11 août 1864, art. 8; L. 28 février 1872, art. 4 et D. 3 août 1926, art. 1er). D. f. 22 fr. 50.

CAUTIONNEMENTS relatifs aux adjudications et marchés dont le prix doit être payé par le Trésor public (LL. 15 mai 1818, art. 73; 18 mai 1850, art. 8; 28 février 1872, art. 1, 9° et 2; 28 avril 1893, art. 19 et 29 juin 1918, art. 15). Droit proportionnel de 1 fr. p. 100 sur le prix du marché ou l'évaluation faite par les parties. Double décime.

CAUTIONNEMENTS de se représenter ou de représenter un tiers, en cas de mise en liberté provisoire, (L. 28 avr. 1816, art. 50). D. p. 50 c. par 100 fr. (1).

CAUTIONNEMENTS de sommes et objets mobiliers, garanties mobilières et indemnités de même nature. — (L. 22 frim. an VII, art. 69, § 2, n° 8). D. p. 50 c. par 100 fr. (1).

CÉDULES des juges de paix pour citer par-devant eux (*Idem*, art. 70, § 3, n° 10). *Exemptes*.

CERTIFICATS de cautions et de cautionnements (LL. 28 avr. 1816. art. 43. n° 6 et 28 février 1872, art. 4. D. 3 août 1926, art. 1er). D. f. 22 fr. 50.

CERTIFICATS purs et simples (LL. 18 mai 1850, art. 8; 28 février 1872, art. 4 et D. 3 août 1926, art. 1er). D. f. 22 fr. 50.

CERTIFICATS des avoués et greffiers (LL. 22 frim. an VII, art. 68, § 1, n° 17; 28 février 1872, art. 4 et D. 3 août 1926, art. 1er). D. f. 11 fr. 20.

CERTIFICATS des imprimeurs attestant l'insertion d'un avis dans un journal : en matière civile, D. f. 22 fr. 50; en matière judiciaire, D. f. 11 fr. 20 (D. 31 déc. 1851; I. 1903).

CERTIFICATS DE PROPRIÉTÉ. — V. ci-dessus *Certificats purs et simples* et *Immunités fiscales*, v° Caisses d'épargne, — Caisse nationale des retraites pour la vieillesse, — Caisse de prévoyance entre les marins français, — Régions dévastées.

CERTIFICATS DE VIE et de résidence par chaque individu (LL. 22 frim. an VII, art. 68, § 1, n° 17; 18 mai 1850, art. 8; 28 février 1872, art. 4 et D. 3 août 1926, art. 1er). D. f. 11 fr. 20. V. *Immunités fiscales*, v° Pensions civiles et militaires.

CESSIONS *d'actions ou promesses d'actions*, dans une société, compagnie ou entreprise quelconque, financière, industrielle, commerciale ou civile, quelle que soit la date de sa création, et *d'obligations* émises soit par les sociétés, soit par les départements, communes et établissements publics (LL. 23 juin 1857, art. 6 et 16 septembre 1871, art. 11). D. p. 0,90 par 100 fr. de la valeur négociée (LL. 29 juin 1872, art. 3; 26 déc. 1908, art. 5 et 29 mars 1914, art. 41). Ce droit se perçoit sur la valeur négociée, déduction faite des versements restant à faire sur les titres non entièrement libérés (L. 30 mars 1872, art. 1er, 2° alinéa). Double décime.

Le droit, pour les titres au porteur et pour ceux dont la transmission peut s'opérer sans un transfert sur les registres de la société, est converti en une taxe annuelle et obligatoire de 0,50 par 100 sans décimes (LL. 29 juin 1872, art. 3; 26 décembre 1908, art. 6; 29 mars 1914, art. 41; 25 juin 1920, art. 49 et 3 août 1926, art. 17) du capital des actions et obligations évalué par leur cours moyen pendant l'année précédente et, à défaut de cours dans cette année, conformément aux règles établies par les lois sur l'enregistrement.

Dans les sociétés, compagnies ou entreprises dont le capital est divisé en actions, mais qui n'ont pas encore créé matériellement leurs titres, le droit incorporel de l'actionnaire ou du titulaire de la part de fondateur est immédiatement passible de la taxe annuelle et obligatoire de 0 fr. 50 p. 100 sans décimes.

Pendant la période qui précède la création matérielle des titres, les transmissions à titre onéreux de ce droit incorporel, sous quelque forme qu'elles soient constatées sont affranchies de tout autre droit de mutation (L. 28 décembre 1922, art. 24).

CESSIONS de parts d'intérêt dans les sociétés dont le capital n'est pas divisé en actions. D. p. 0,90 par 100 fr. (LL. 22 frim. an VII, art. 69, § 2, n° 6 et 28 décembre 1922, art. 23). Double décime.

CESSIONS de créances à terme, sur le capital exprimé dans l'acte (LL. 22 frim. an VII, art. 69, § 3, n° 3; 7 août 1850, art. 9; 5 mai 1855, art. 15). D. p. 1 p. 100 (1).

Cessions, transports et délégations

de rentes de toute nature (*sauf des rentes foncières créées avant la loi du 11 brum. an* VII) (L. 22 frim. an VII, art. 69, § 5, n° 2). D. p. 2 fr. par 100 fr. (1).

La liquidation du droit prop. est déterminée par le capital constitué, quel que soit le prix stipulé pour le transport (L. 22 frim. an VII, art. 14, n° 7).

Cessions et transports de rentes foncières dont le titre est *antérieur* à la loi du 11 brum. an VII (LL. 22 frim. an VII, art. 69, § 5, n° 2; 28 avr. 1816, art. 54 et 25 juin 1920, art. 25). D. p. 2 fr. par 100 fr. augmenté de 2 p. 100 (1) (droit de transcription).

CESSIONS de droit au bail. — Toute cession d'un droit à un bail ou du bénéfice d'une promesse de bail portant sur tout ou partie d'un immeuble, quelle que soit la forme qui lui est donnée par les parties, qu'elle soit qualifiée cession de pas de porte, indemnité de départ ou autrement, est soumise à un droit d'enregistrement de 10 fr. par 100 fr. Ce droit est perçu sur le montant de la somme ou indemnité stipulée par le cédant à son profit. Il est indépendant de celui qui peut être dû pour la mutation de jouissance des biens loués (L. 13 juillet 1925, art. 34). Double décime en sus.

La loi vise exclusivement les cessions de droit au bail qui ne se rattachent pas à une mutation de fonds de commerce.

CESSIONS de fonds de commerce. — V. *Ventes*.

CHEMINS vicinaux et ruraux. — Plans, procès-verbaux, certificats, significations, jugements, contrats, marchés, adjudications de travaux, quittances et autres actes ayant pour objet exclusif la construction, l'entretien et la réparation des chemins vicinaux et ruraux. D. f. 11 fr. 20 (LL. 21 mai 1836, art. 20; 28 mai 1850, art. 30; 28 février 1872, art. 4; 20 août 1881, art. 18 et D. 3 août 1926, art. 1er). — V. *Immunités fiscales*, v° Expropriation.

CHÈQUES. D. p. 50 c. par 100 fr. (1) (L. 22 frim. an VII, art. 69, § 2, n° 6).

CODICILLES. — V. *Testaments*.

COLLATIONS d'actes et pièces ou extraits, par quelque officier public qu'elles soient faites. — *Le droit est payé pour chaque acte, pièce ou extrait collationné* (LL. 22 frim. an VII, art. 68, § 1, n° 18; 18 mai 1850, art. 8; 28 février 1872, art. 4 et D. 3 août 1926, art. 1er). D. f. 22 fr. 50.

Il n'est dû que 11 fr. 20 si la copie collationnée est destinée à l'accomplissement de formalités judiciaires, notamment à la purge des hypothèques légales. — Celles destinées à être produites à l'appui des déclarations de succession (L. 25 fév. 1901, art. 4). *Gratis*.

COLLOCATIONS. — V. *Ordre*.

COMMAND. — V. *Déclaration*.

COMPROMIS qui ne contiennent aucune obligation de sommes et valeurs (LL. 28 avril 1816, art. 44, n° 2; 28 février 1872, art. 4 et D. 3 août 1926, art. 1er). D. f. 33 fr. 70.

COMPTES de tutelle (arrêtés de). 1° quand le reliquat est payé. D. f. 22 fr. 50; 2° quand le reliquat reste dû.

<hr>

(1) Ce droit reste soumis aux deux décimes et demi anciens et supporte également les deux décimes établis par la loi du 22 mars 1924. Il est donc majoré de 5 décimes.

D. p. 1 fr. par 100 fr. (1) (LL. 22 frim. an VII, art. 68, § 1, nᵒ 51 ; 28 fév. 1872, art. 4 ; 22 frim. an VII, art. 69, § 3, nᵒ 3). — V. *Immunités fiscales*, vᵒ Enfants assistés.

CONCESSIONS de terrains dans les cimetières : perpétuelles ou illimitées, D. p. 8 pour 100 ; —temporaires, 60 cent. par 100 fr. (J. N., 12723). Double décime.

CONCORDATS ou atermoiements. — V. *Immunités fiscales*, vᵒ Faillite.

Le concordat par abandon total ou partiel de l'actif du failli est assimilé à l'union pour la perception des droits d'enregistrement (L. 17 juillet 1856 ; l. 28 août 1856, 2079). D. f. 9 fr.

CONDAMNATION. — V. *Jugement*.

CONGÉ (actes de). D. f. 22 fr. 50 ou 15 fr. seulement quand le congé est donné par acte extra-judiciaire (L. du 26 janvier 1892, art. 7, § 1er et D. 3 août 1926, art. 1er).

CONNAISSEMENTS ou reconnaissances de chargement par mer (LL. 28 avr. 1816, art. 44, nᵒ 6 ; 28 février 1872, art. 4 et D. 3 août 1926, art. 1er). D. f. 33 fr. 70 par chaque destinataire.

CONSENTEMENTS purs et simples (LL. 28 avr. 1816, art. 43, nᵒ 7 ; 28 février 1872, art. 4 et D. 3 août 1926, art. 1er). D. f. 22 fr. 50.

CONSTITUTIONS de rentes, soit perpétuelles, soit viagères, et de pensions, à titre onéreux (L. 22 frim. an VII, art. 69, § 5, nᵒ 2). D. p. 2 fr. p. 100 (1).

La liquidation du droit prop. est déterminée par le capital constitué ou aliéné. — Pour les rentes et pensions créées sans expression de capital, leurs transports et amortissements, à raison d'un capital formé de vingt fois la rente perpétuelle et de dix fois la rente viagère ou la pension, et quel que soit le prix stipulé pour le transport ou l'amortissement.

CONTRATS DE LOUAGE. — V. *Immunités fiscales*, vᵒ Louage d'ouvrage.

CONTRATS DE MARIAGE, contenant déclaration des apports des futurs. D. p. 1 fr. p. 100 double décime en sus d'après le montant net de ces apports (LL. 28 avril 1893, art. 19 et 29 juin 1918, art. 15). Minimum de 37 fr. 50 pour les contrats de mariage qui ne constatent aucun apport (L. 28 avril 1893, art. 20 et D. 3 août 1926, art. 1er). V. *Donations*.

CONTRATS DE PLACEMENT. — V. *Immunités fiscales* ; vᵒˢ Enfants assistés et Prostitution des mineurs.

CONTRE-LETTRE faite sous signature privée et tout acte constatant une dissimulation dans le prix d'une vente, soit d'immeubles, soit de fonds de commerce ou la soulte soit d'un échange, soit d'un partage de biens de même espèce. Amende égale au quart de la somme dissimulée (L. 23 août 1871, art. 12 ; 28 février 1872, art. 8 et 27 février 1912, art. 7). Cette dissimulation peut être établie par tous les moyens de preuves admises par le droit commun, à l'exception du serment décisoire (L. 23 août 1871, art. 13).

CONTRE-LETTRE antérieure à la loi du 23 août 1871, faite s. s. p. et ayant pour objet une augmentation du prix stipulé dans un acte public. — Triple droit dû sur les sommes et valeurs ainsi stipulées (L. 22 frim. an VII, art. 40).

CONTRE-LETTRE constatant une simulation du prix exprimé dans une cession d'office. Amende égale au quart de la somme dissimulée (L. 27 février 1912, art. 6)

CONVERSION d'actions ou d'obligations nominatives en titres au porteur. D. p. 2 fr. par 100 fr. de la valeur déterminée par le cours moyen de la Bourse de la veille (LL. 29 mars 1914, art. 14 et 25 juin 1920, art. 49). Ce droit peut être remboursé si le remploi en titres nominatifs est effectué dans le délai d'un mois. (L. 31 juillet 1920). —Conversion du porteur au nominatif. *Exempte de droits* (LL. 22 juin 1857, art. 8 ; Déc. 17 juill. 1857, art. 3 ; 26 déc. 1908, art. 5). Double décime en sus.

COPIES COLLATIONNÉES. — V. *Collations*.

COTES et paraphes de registres de négociants et autres. — *Exempts* (L. 22 avril 1905, art. 9).

CRÉDIT (acte d'ouverture de) 50 c. par 100 fr. (1), sauf perception du droit complémentaire d'obligation en cas de réalisation constatée du crédit (L. 23 août 1871, art. 5). — V. *Oblig. de sommes*.

CRÉDIT FONCIER. — Lettres de gage. D. f. 1 fr. 10. (D. 28 fév. 1852, L. 28 fév. 1872 et D. 3 août 1926 art. 1er).

DATION EN PAIEMENT. Tarif applicable à la mutation à titre onéreux (cession ou vente) de l'objet donné en paiement.

DÉCHARGES de prix de vente de meubles par les notaires (Avis Conseil d'Etat, 7, 21 oct. 1809 ; l. 4 janv. 1810, 460. L. 28 février 1872, art. 4 et D. 3 août 1926, art. 1er). D. f. 22 fr. 50.

DÉCHARGES de sommes et effets mobiliers (LL. 22 frim. an VII, 68, § 27, nᵒ 1 ; 28 avril 1816, art. 43, nᵒ 10 ; 28 février 1872, art. 4 et D. 3 août 1926, art. 1er). D. f. 22 fr. 50.

DÉCHARGES à un mandataire ou comptable (LL. 22 frim. an VII, art. 68, § 1, nᵒ 27 ; 28 avril 1816, art. 43, nᵒ 8 ; 28 février 1872, art. 4 et D. 3 août 1926, art. 1er). D. f. 22 fr. 50.

DÉCLARATIONS d'appel des jugements rendus en matière de police correctionnelle, lorsqu'il n'y a pas de partie civile, ou lorsqu'il y a une partie civile en cause et que l'appelant est emprisonné (L. 25 mars 1817, art. 74). *Débet*. S'il y a partie civile en cause et si l'appelant est en liberté. D. f. 11 fr. 20 (L. 19 févr. 1874, art. 4 et D. 3 août 1926, art. 1er).

DÉCLARATIONS et significations d'appel des jugements des juges de paix aux tribunaux civils (L. 22 frim. an VII, art. 68, § 4, nᵒ 3. LL. 19 février 1874, art. 4 ; 26 janv. 1892, art. 7 et D. 3 août 1926, art. 1er). D. f. 37 fr. 50.

DÉCLARATIONS et significations d'appel des jugements des tribunaux civils, de commerce et d'arbitrage (LL. 22 frim. an VII, art. 68, § 5 ; 19 févr. 1874, art. 4 ; 26 janv. 1892, art. 7 et D. 3 août 1926, art. 1er). D. f. 75 fr.

DÉCLARATIONS de command, si la déclaration est faite par un acte public.

et notifiée dans les 24 heures de l'adjudication ou du contrat (LL. 28 avril 1816, art. 44, nᵒ 3 ; 28 février 1872, art. 4 et D. 3 août 1926, art. 1er). D. f. 33 fr. 70.

Le délai de 24 heures, pour l'adjudicataire déclaré par un avoué, d'après l'art. 709 du Code de procédure, dans les trois jours de l'adjudication, ne court que du jour de cette déclaration.

DÉCLARATIONS de command, par suite d'adjudications ou contrats de vente de biens *immeubles*, autres que celles des domaines nationaux, si la déclaration est faite après les vingt-quatre heures (ou trois jours, suivant le cas) de l'adjudication ou du contrat, ou lorsque la faculté d'élire un command n'y a pas été réservée (LL. 22 frim. an VII, art. 69, § 7, nᵒ 3 ; 28 avr. 1816, art. 52 et 54 ; 22 avr. 1905, art. 2 et 4 avr. 1926, art. 30). D. p. 15 fr. p. 100 sans décimes.

S'il s'agit de biens *meubles*, dans le même cas (LL. 22 frim. an VII, art. 69, § 5, nᵒ 4 et 25 juin 1920, art. 24). D. p. 5 fr. 50 p. 100. Double décime en sus.

DÉCLARATIONS de perte d'inscriptions de rente sur l'Etat (D. 3 mess. an XII ; l. 24 mess. an XII, 237 ; LL. 18 mai 1850, art. 3 ; 28 février 1872, art. 4 et D. 3 août 1926, art. 1er). D. f. 22 fr. 50.

DÉCLARATIONS par les titulaires de cautionnements versés au trésor, en faveur des bailleurs de fonds, pour leur assurer le privilège de second ordre (D. 23 mars 1822 ; l. 30 mars 1822, 1030 ; LL. 18 mai 1850, art. 8 ; 28 février 1872, art. 4 et D. 3 août 1926, art. 1er). D. f. 22 fr. 50.

DÉCLARATIONS simples en matière civile ou de commerce (LL. 28 avr. 1816, art. 43, nᵒ 9 ; 28 février 1872, art. 4 et D. 3 août 1926, art. 1er). D. f. 22 fr. 50.

DÉLÉGATIONS de créances à terme ou de prix sans énonciation de titres enregistrés (LL. 22 frim. an VII, art. 69, § 3, nᵒ 3 ; 7 août 1850, art. 9 ; 15 mai 1855, art. 15). D. p. 1 fr. p. 100 (1).

DÉLIVRANCES de legs, pures et simples (LL. 28 avril 1893, art. 19 et 29 juin 1918, art. 15). D. p. 1 fr. p. 100 d'après le montant des sommes ou la valeur des objets légués. Double décime en sus.

DÉNONCIATIONS DE PROTÊTS (L. 28 avril 1893, art. 22 et D. 3 août 1926, art. 1er). D. f. 7 fr. 50.

DÉPOT d'actes et pièces chez les officiers publics (LL. 28 avr. 1816, art. 43, nᵒ 10 ; 28 février 1872, art. 4 et D. 3 août 1926, art. 1er). D. f. 22 fr. 50.

DÉPOTS de sommes chez les particuliers (LL. 22 frim. an VII, art. 69, § 3, nᵒ 3 ; 7 août 1850, art. 9 ; 5 mai 1855, art. 15). D. p. 1 pour 100 (1) ; chez les officiers publics (LL. 28 avr. 1816, art. 43 nᵒ 11 ; 28 fév. 1872, art. 4 et D. 3 août 1926, art. 1er). D. f. 22 fr. 50.

DÉSISTEMENTS purs et simples (LL. 28 avr. 1816, art. 44, nᵒ 12 ; 28 février 1872, art. 4 et D. 3 août 1926, art. 1er). D. f. 22 fr. 50.

DEVIS purs et simples d'ouvrages et entreprises (LL. 22 frim. an VII, art. 68, § 1, nᵒ 29 ; 18 mai 1850, art. 8 ; 28 février 1872, art. 4 et D. 3 août 1926, art. 1er). D. f. 22 fr. 50. — V. *Chemins vicinaux et ruraux*.

---

(1) Ce droit reste soumis aux deux décimes et demi anciens et supporte également les deux décimes établis par la loi du 22 mars 1924. Il est donc majoré de 5 décimes.

DISPENSES d'âge pour le mariage. — Exemption (L. 31 juillet 1920, art. 22).

DISPENSES de parenté pour le mariage. — Exemption (L. 31 juillet 1920, art. 22).

DIVORCE. *Jugements interlocutoires et préparatoires.* D. f. 56 fr. 20. — *Jugements de 1re instance prononçant le divorce.* D. f. 562 fr. 50. — *Arrêt de Cour d'appel* prononçant définitivement sur une demande de divorce. D. f. 750 fr. (L. 26 janv. 1892, art. 17, nos 4, 11 et 12 et D. 3 août 1926, art. 1er).

Le droit de 200 fr. ne peut plus être exigé dans aucun cas sur l'expédition de l'acte de l'état civil portant mention ou transcription du jugement de divorce non frappé d'appel (Loi du 25 février 1901, art. 62).

DOMICILE. Autorisation de l'établir en France. — Exemption (L. 31 juillet 1920, art. 22).
V. *Lettres de déclaration.*

DOMMAGES-INTÉRÊTS prononcés par les juges de paix en matière civile et les conseils de prud'hommes. D. p. 2 fr. par 100 fr. (1); par les tribunaux de première instance, les arbitres et les cours d'appel en matière civile, commerciale, criminelle et correctionnelle. D. p. 3 fr. p. 100 fr. (1) (L. 26 janv. 1892, art. 16, § 6, nos 2 et 7).

DOMMAGES DE GUERRE. — V. *Immunités fiscales.*

DONS MANUELS. Les actes renfermant soit la déclaration par donateur ou ses représentants, soit la reconnaissance judiciaire d'un don manuel, sont sujets au droit de donation (L. 18 mai 1850, art. 6). — V. *Donations entre vifs.*

DONATIONS entre époux, lorsqu'elles sont soumises à l'événement du décès, *par contrat de mariage* (LL. 22 frim. an VII, art. 68, § 3, n. 5; 28 avr. 1816, art. 45, n° 4; 28 février 1872, art. 4 et D. 3 août 1926, art. 1er). D. f. 56 fr. 20.
Pendant le mariage (LL. 28 avr. 1816, art. 45-4°; 28 février 1872, art. 4 et D. 3 août 1926, art. 1er). D. f. 56 fr. 20.

DONATIONS ENTRE VIFS de biens meubles ou immeubles.
Droit proportionnel sans addition de droit de transcription pour les immeubles (L. 25 juin 1920, art. 32), mais double décime en sus.

En ligne directe descendante :
Donations-partages faites par les père et mère et autres ascendants :
Entre plus de deux enfants vivants ou représentés : 2 fr. 50 p. 100.
Entre deux enfants vivants ou représentés : 4 fr. 50 p. 100.
Entre les descendants d'un enfant unique : 6 fr. 50 p. 100.
Donations par contrat de mariage à des descendants :
Plus de deux enfants vivants ou représentés : 3 fr. 50 p. 100.
Deux enfants vivants ou représentés : 4 fr. 50 p. 100.
Un enfant vivant ou représenté : 5 fr. 50 p. 100.
Autres donations :
Plus de deux enfants vivants ou représentés : 5 fr. 50 p. 100.
Deux enfants vivants ou représentés : 7 fr. 50 p. 100.
Un seul enfant vivant ou représenté : 9 fr. 50 p. 100.

En ligne directe ascendante : 9 fr. 50 p. 100.

Entre époux :
Par contrat de mariage : 4 fr. 50 p. 100.
Hors contrat de mariage :
Plus de deux enfants vivants ou représentés issus du mariage : 5 fr. 50 p. 100.
Deux enfants vivants ou représentés issus du mariage : 7 fr. 50 p. 100.
Un enfant vivant ou représenté issu du mariage : 9 fr. 50 p. 100.
Sans enfant vivant ou représenté issu du mariage : 11 fr. 50 p. 100.

Entre frères et sœurs :
Par contrat de mariage, aux futurs : 15 fr. p. 100.
Hors contrat de mariage : 25 fr. p. 100.

Entre oncles ou tantes et neveux ou nièces :
Par contrat de mariage, aux futurs : 20 fr. p. 100.
Hors contrat de mariage : 30 fr. p. 100.

Entre grands-oncles ou grand-tantes et petits-neveux ou petites-nièces et entre cousins germains :
Par contrat de mariage, aux futurs : 25 fr. p. 100.
Hors contrat de mariage : 35 fr. p. 100.

Entre parents au delà du 4e degré et entre personnes non parentes :
Par contrat de mariage, aux futurs : 30 fr. p. 100.
Hors contrat de mariage : 40 fr. p. 100.

Pour l'application de ces tarifs, doit être ajouté au nombre des enfants vivants ou représentés du donateur tout enfant du donateur qui est décédé après avoir atteint l'âge de 16 ans révolus ou qui, étant âgé de moins de 16 ans, a été tué par l'ennemi au cours des hostilités ou est décédé des suites de faits de guerre soit durant les hostilités soit dans l'année à compter de leur cessation. (L. 25 juin 1920, art. 34).

Dons au profit des départements et des communes en tant qu'ils sont affectés par la volonté expresse du donateur à des œuvres d'assistance; ainsi que les dons faits aux établissements publics charitables et hospitaliers, aux sociétés de secours mutuels et toutes autres sociétés reconnues d'utilité publique dont les ressources sont affectées à des œuvres d'assistance; dons faits aux sociétés d'instruction et d'éducation populaire gratuites reconnues d'utilité publique et subventionnées par l'État : 9 fr. p. 100 (LL. 25 février 1901, art. 19 et 31 décembre 1917, art. 16).
Dons faits aux offices publics d'habitations à bon marché : 9 fr. p. 100 (L. 5 décembre 1922, art. 72).
Dons de sommes d'argent ou d'immeubles faits aux départements, aux villes et aux établissements pourvus de la personnalité civile avec obligation, pour les bénéficiaires, de con-

sacrer ces libéralités à l'achat d'œuvres d'art, de monuments ou d'objets ayant un caractère historique, de livres, d'imprimés ou de manuscrits destinés à figurer dans une collection publique ou à l'entretien d'une collection publique : 9 fr. p. 100 (L. 30 juin 1923, art. 24).

La valeur de la toute propriété des objets donnés est déterminée pour le paiement des droits, savoir : pour les *meubles*, par la déclaration estimative des parties, sans distraction des charges (L. 22 frim. an VII, art. 14, n° 8); — *pour les immeubles* quelle que soit leur nature, d'après leur valeur vénale réelle au jour de la transmission. Toutefois, si dans les deux années qui auront précédé ou suivi l'acte de donation, les immeubles transmis ont fait l'objet d'une adjudication soit par autorité de justice, soit volontaire avec admission des étrangers, les droits exigibles ne pourront être calculés sur une somme inférieure au prix d'adjudication, en y ajoutant toutes les charges en capital, à moins qu'il ne soit justifié que la consistance des immeubles a subi, dans l'intervalle, des transformations susceptibles d'en modifier la valeur (LL. 27 mai 1918, art. 2 et 30 juin 1923, art. 21). Mais en cas de donation de l'usufruit et de la nue propriété à deux personnes différentes, ou de l'une ou l'autre seulement de ces deux parties de la toute propriété, le droit de donation n'est perçu que sur la valeur soit de la toute propriété, soit de l'usufruit ou de la nue propriété dont l'évaluation respective est fixée ainsi qu'il suit :
Si l'usufruitier a moins de 20 ans révolus, l'usufruit est estimé aux sept dixièmes et la nue propriété aux trois dixièmes de la toute propriété; au-dessous de cet âge, cette proportion est diminuée pour l'usufruit et augmentée pour la nue propriété d'un dixième pour chaque période de dix ans sans fraction. A partir de soixante-dix ans révolus de l'âge de l'usufruitier, la proportion est fixée à un dixième pour l'usufruit et à neuf dixièmes pour la nue propriété. Pour déterminer la valeur de la nue propriété il n'est tenu compte que des usufruits ouverts au jour de la mutation de cette nue propriété.
Toutefois, dans le cas d'usufruits successifs, l'usufruit éventuel venant à s'ouvrir, le nu propriétaire aura droit à la restitution d'une somme égale à ce qu'il aurait payé en moins, si le droit acquitté par lui avait été calculé d'après l'âge de l'usufruitier éventuel; mais la restitution aura lieu dans la limite seulement du droit dû par celui-ci. L'action en restitution ouverte au profit du nu propriétaire se prescrit par deux ans à compter du décès du premier usufruitier.
L'usufruit constitué pour une durée fixe est estimé aux deux dixièmes de la valeur de la propriété entière pour chaque période de dix ans de la durée de l'usufruit, sans fraction et sans égard à l'âge de l'usufruitier (L. du 25 février 1901, art. 13).

DONATIONS éventuelles, ou à cause de mort (LL. 28 avr. 1816, art. 45, n° 4; 28 fév. 1872, art. 4 et D. 3 août 1926, art. 1er). D. f. 56 fr. 20.

DONATIONS non acceptées par le donataire (l. 3 fruct. an XIII, 290, n° 29; LL. 18 mai 1850, art. 8; 28 février 1872, art. 4 et D. 3 août 1926, art. 1er). D. f. 22 fr. 50.

DROITS successifs (cession de). D. p. d'après la nature des biens cédés : 5 fr. 50 p. 100 pour les meubles, double décime en sus; 15 fr. p. 100 pour les immeubles (LL. 22 frim. an VII, art. 69, § 5, n° 1, § 7, n° 1; 22 avril 1905, art. 2; 25 juin 1920, art. 24; 25 et 30 juin 1923, art. 23 et 4 avril 1926, art. 30). Sans décimes.

ÉCHANGES D'IMMEUBLES RURAUX. — V. *Immunités fiscales :* Echanges individuels d'immeubles ruraux *et* Remembrement de la propriété rurale.

<hr>

(1) Ce droit reste soumis aux deux décimes et demi anciens et supporte également les deux décimes établis par la loi du 22 mars 1924. Il est donc majoré de 5 décimes.

ÉCHANGES d'immeubles ne se trouvant pas dans les conditions ci-dessus. D. p. 4,50 0/0 sur la valeur vénale réelle du lot le moins important (LL. 22 avril 1905, art. 3 et 27 mai 1918, art. 1er). Double décime en sus.

Dans tous les cas, même celui d'échange d'immeubles ruraux, s'il y a une soulte stipulée ou si l'un des lots a une plus-value, le droit exigible sur la soulte ou la plus-value est de 15 p. 100 sans décimes (LL. 22 avril 1905, art. 2; 25 juin 1920, art. 25 et 4 avril 1926, art. 30).

Les règles d'évaluations respectives de l'usufruit et de la nue propriété tracées par l'article 13 de la loi du 25 février 1901 et celles qui sont établies par les art. 2 de la loi du 27 mai 1918 et 21 de celle du 30 juin 1923 pour l'évaluation des immeubles échangés, sont applicables aux échanges (Voir ci-dessus *Donations entre vifs hors contrat de mariage*).

ÉMANCIPATION (Acte d'). D. f. 112 fr. 50 (LL. 19 juillet 1845, art. 5; 28 février 1872, art. 4 et D. 3 août 1926, art. 1er). Il est dû un droit par chaque émancipé. — V. *Immunités fiscales,* v° Enfants assistés.

ENDOSSEMENTS et acquits des billets à ordre et autres effets négociables *sous seing privé* (L. 22 frim. an VII, art. 70, § 3, n° 15). *Exempts.*

ENGAGEMENTS de biens immeubles (L. 22 frimaire an VII, art. 69, § 5, n° 5). D. p. 2 fr. par 100 fr. (1).

Le droit proportionnel est déterminé par les prix et sommes pour lesquels les engagements sont faits (L. 22 frim. an VII, art. 15, n° 5).

ÉTATS de dettes (LL. 22 frim. an VII, art. 68, § 1, n° 51; 18 mai 1850, art. 8; 28 février 1872, art. 4 et D. 3 août 1926, art. 1er). D. f. 22 fr. 50.

Etats joints aux donations (Mêmes lois et articles). D. f. 22 fr. 50.

Etats sur déclaration de tiers saisi (Mêmes lois et articles). D. f. 22 fr. 50.

EXECUTOIRES de dépens, D. f. 11 fr. 20 (L. 26 janvier 1892, art. 15-1° et D. 3 août 1926).

EXPÉDITIONS et extraits d'actes et jugements enregistrés (L. 22 frim. an VII, art. 8). *Exempts.*

EXPLOITS en justice de paix. D. f. 7 fr. 50; conseils de prud'hommes, gratis si l'objet de la demande n'excède pa 25 fr.; conseils de prud'hommes, D. f. 3 fr. 70 si l'objet de la demande excède 25 fr.; tribunaux civils et de commerce. D. f. 15 fr.; cours d'appel, D. f. 22 fr. 50; relatifs aux procédures d'ordre, de contributions et de vente judiciaire, D. f. 15 fr.; relatifs aux procédures de police, D. f. 7 fr. 50; relatifs aux contributions publiques, D. f. 7 fr. 50 lorsqu'il s'agit de cotes excédant 100 fr., gratis lorsqu'il s'agit de cotes de 100 fr. et au-dessous; autres que tous ceux ci-dessus (innomés), D. f. 15 fr. (LL. 6 juin 1824, art. 6; 19 février 1874, art. 4; 26 janv. 1892, art. 6, 7 et 8; 28 avril 1893, art. 22 et D. 3 août 1926, art. 1er).

En cas de pourvoi en cassation contre les décisions autres que les jugements des juges de paix : pour le premier acte de recours, D. f. 187 fr. 50; pour les exploits relatifs aux procédures devant la Cour, D. f. 37 fr. 50; pour les significations d'avocat à avocat, D. f. 22 fr. 50 (LL. 28 avril 1816, art. 47, n° 1er, 45, n° 1er et 44, n° 11;

19 février 1874, art. 2; 28 avril 1893, art. 22 et D. 3 août 1920, art. 1er).

En cas de pourvoi contre les jugements des juges de paix : pour le premier acte de recours, D. f. 93 fr. 70; pour les exploits relatifs aux procédures devant la cour, D. f. 18 fr. 70; pour les significations d'avocat à avocat, D. f. 3 fr. (L. 22 décembre 1913 et D. 3 août 19.6, art. 1er).

V. *Dénonciation de protêt, Protêt, Prud'hommes, et Significations.*

GARANTIES. — V. *Cautionnement.*

HYPOTHÈQUE FLUVIALE. — Acte constitutif. D. p. 1 fr. par 1.000 fr. du montant de la créance (1) (L. 5 juillet 1917, art. 26).

HYPOTHÈQUE MARITIME (Acte privé, constitutif d'). Droit prop. de 1 fr. par 1.000 fr. des sommes ou valeurs portées au contrat (1) (L. 10 juillet 1885, art. 2).

IMMUNITÉS FISCALES. — V. chapitre spécial précédant le Tarif.

INDEMNITÉS MOBILIÈRES. — V. *Cautionnement.*

INVENTAIRES mobiliers. — *Il est dû un droit pour chaque vacation* (LL. 22 frim. an VII, art. 68, § 2, n° 1; 28 févr. 1872, art. 4 et D. 3 août 1926, art. 1er). D. f. 22 fr. 50.

Les inventaires après *faillite* ne sont assujettis qu'à un seul droit fixe, quel que soit le nombre des vacations (L. 24 mai 1834, art. 11)

JUGEMENTS de justice de paix, D. p. 1 p. 100 (1) au minimum de 7 fr. 50; débouté, D. f. 7 fr. 50; civil préparatoire, D. f. 33 fr. 70; définitif, portant condamnation ou liquidation, D. p. 2 fr. p. 100 (1) au minimum de 56 fr. 20; prononçant des dommages intérêts, D. p. 3 fr. p. 100 (1) au minimum de 56 fr. 20; portant adjudication ou homologation de partage, D. p. 25 cent. p. 100 (1); confirmant un jugement de paix, D. p. 50 cent. p. 100; infirmant, D. p. 50 cent. p. 100 (1), plus 1 p. 100 (1) sur les sommes qui n'ont pas subi déjà ce droit sur le jugement de paix; de débouté, D. f. 150 fr.; d'interdiction ou de séparation, D. f. 168 fr. 70; d'adoption ou divorce, D. f. 562 fr. 70; de commerce : préparatoire, D. f. 33 fr. 70; définitif, portant condamnation ou liquidation, D. p. 1 fr. 25 p. 100 (1), minimum de 37 fr. 50; dommages et intérêts, D. p. 3 fr. p. 100 (1), minimum de 37 fr. 50; débouté, D. f. 75 fr.; conseils de prud'hommes, D. p. 1 fr. p. 100 (1), minimum de 7 fr. 50; de police correctionnelle, D. f. 11 fr. 20; de police avec dommages, D. p. 2 fr. p. 100 (1); correctionnel avec dommages D. p. 3 fr. p. 100 (1) (L. 26 janvier 1892, art. 15, 16 et 17 et D. 3 août 1926, art. 1er).

LÉGITIMATION. — V. *Immunités fiscales,* v° Indigents.

LETTRES d'autorisation de se faire naturaliser ou de servir à l'étranger. — Exemption (L. 31 juillet 1920, art. 22).

LETTRES d'autorisation d'établir son domicile en France. — V. *Domicile.*

LETTRES DE CHANGE tirées de place à place, et celles venant de l'étranger

ou des colonies françaises, lorsqu'elles sont protestées. — Elles peuvent n'être présentées à l'enregistrement qu'avec les protêts qui en auront été faits (L. 28 fév. 1872, art. 10). D. p. 50 c. par 100 fr. (1).

LETTRES de déclaration de naturalité. — Exemption (L. 31 juil. 1920, art. 22).

LETTRES missives qui ne contiennent ni obligation, ni quittance, ni aucune autre convention donnant lieu au droit prop. (LL. 28 avr. 1816, art. 43, n° 14; 28 févr. 1872, art. 4 et D. 3 août 1926, art. 1er). D. f. 22 fr. 50.

LETTRES DE VOITURE. — *Il est dû un droit pour chaque personne à qui les envois sont faits* (LL. 22 frim. an VII, art. 68, § 1, n° 20; 18 mars 1850, art. 8; 28 février 1872, art. 4 et D. 3 août 1926, art. 1er). D. f. 22 fr. 50.

LICITATIONS de biens *immeubles* indivis. (Parts et portions acquises) LL. 22 frim. an VII, art. 69, § 7, n° 4; 25 juin 1920, art. 25 et 13 juillet 1925, art. 41). D. p. 15 fr. p. 100 sans décimes. Aucun droit de transcription n'est plus exigible en dehors du droit perçu sur la valeur des parts acquises.

LICITATIONS de biens *meubles* indivis (Parts et portions acquises) (LL. 22 frim. an VII, art. 69, § 5, n° 6 et 22 juin 1920, art. 24). D. p. 5 fr. 50 p. 100. Double décime en sus.

LIQUIDATION. — V. *Jugements. Partage.*

LIQUIDATION de reprises résultant d'actes enregistrés. D. f. 22 fr. 50.

LOCATIONS VERBALES. — Les prescriptions de l'art. 11 de la loi du 23 août 1871 ne sont pas applicables aux locations verbales consenties suivant l'usage des lieux ou pour une durée ne dépassant pas trois ans et dont le prix n'excède pas 2.000 fr. à Paris et 1.000 fr. dans toutes les autres localités (L. 25 juin 1920, art. 27). V. *Baux de chasse et de pêche.*

MAGASINS GÉNÉRAUX de *marchandises.* — V. *Récépissé.*

MAINLEVÉES totales d'hypothèques ou portant réduction du chiffre de la créance garantie (LL. 28 févr. 1872, art. 1er, n° 7 et art. 2; 28 avril 1893, art. 19 et 29 juin 1918, art. 15). D. p. 0 fr. 50 p. 100 d'après le montant des sommes faisant l'objet de la mainlevée. Double décime en sus.

MAINLEVÉES PARTIELLES. Même droit avec maximum de 37 fr. 50 (L. 28 avr. 1893, art. 20 et D. 3 août 1926, art. 1er).

— TOTALES OU PARTIELLES d'hypothèque maritime ou fluviale (LL. 13 juillet 1907 et 5 juillet 1917, art. 26). D. p. 0 fr. 20 p. 1.000 fr. (1).

— PARTIELLES en cas de simple réduction de l'inscription (mêmes lois). Même droit avec maximum de 37 fr. 50 (D. 3 août 1926, art. 1er).

— TOTALES OU PARTIELLES D'INSCRIPTIONS EN MATIÈRE DE VENTE OU DE NANTISSEMENT DE FONDS DE COMMERCE. — D. p. de 0,025 p. 100 (1) sur les sommes faisant l'objet de la mainlevée. D. f. de 4 fr. par chaque acte portant réduction d'inscription, sans que ce droit puisse excéder le droit proportionnel qui serait exigible sur la mainlevée totale (LL. 17 mars 1909, art. 35 et 25 juin 1920, art. 28).

----

(1) Ce droit reste soumis aux deux décimes et demi anciens et supporte également les deux décimes établis par la loi du 22 mars 1924. Il est donc majoré de 5 décimes.

MANDATS DE PAIEMENT non négociables D. p. 1 fr. p. 100 (1) (L. 22 frimaire an VII, art. 69, § 3, n° 3). Négociables, 50 c. par 100 fr. (1) comme les billets à ordre et lettres de change.

MARCHÉS. — V. *Adjudications au rabais.*

MARCHÉS réputés actes de commerce. — V. *Actes de commerce et Immunités fiscales,* v° Colis postaux.

MARCHÉS administratifs passés par les syndicats intercommunaux gérant des services publics de transports automobiles. — V. *Actes de commerce.*

MARIAGE. — V. *Immunités fiscales* v° Mariage.

MUTATION PAR DÉCÈS. — Dans toute succession où le défunt ne laisse pas au moins quatre enfants vivants ou représentés, il est perçu, indépendamment des droits auxquels les mutations par décès de biens meubles ou immeubles sont assujetties, une taxe progressive et par tranches sur le capital net global de la succession (L. 25 juin 1920, art. 29).

Cette taxe est fixée ainsi qu'il suit :

premier cas, d'une expédition de l'acte de décès de l'enfant, et dans le second cas, d'un acte de notoriété délivré sans frais par le juge de paix du domicile du défunt et établissant les circonstances de la blessure ou de la mort (L. 25 juin 1920, art. 34).

Les droits de mutation par décès de biens meubles et immeubles sont liquidés sur la part nette recueillie par chaque ayant droit. Ces droits sont calculés sur les parts arrondies de 20 fr. en 20 fr. sauf pour les parts inférieures à 500 fr. qui sont arrondies de franc en franc (L. 30 mars 1902, art. 11). Ils sont perçus pour chacune des fractions de cette part suivant les tarifs portés au tableau de la page 650.

Dans toute succession où le défunt laisse plus de quatre enfants vivants ou représentés, il est déduit de l'actif global net, pour la liquidation des droits de mutation par décès, 10 p. 100 fr. par enfant en sus du quatrième, sans que cette déduction puisse excéder 15.000 par enfant (L. 25 juin 1920, art. 30).

Toutes les fois qu'une succession

successorale incombant à un héritier, donataire ou légataire, et des droits de mutation par décès à la charge de cet héritier, donataire ou légataire, ne pourra excéder les maxima ci-après, décimes compris (L. 3 août 1926, art. 19) :
En ligne directe et entre époux. 25 °/o
En ligne collatérale . . . . . . 35 °/o
Entre parents au delà du 4° degré et entre personnes non parentes . . . . 40 °/o
Si un héritier, donataire ou légataire a quatre enfants vivants au moment de l'ouverture de la succession, les droits de mutation à percevoir sont diminués de 10 p. 100 par chaque enfant vivant en sus du troisième, sans que la réduction puisse dépasser 2.000 fr. par enfant et que la réduction totale puisse excéder 50 p. 100 (L. 25 juin 1920, art. 31).

Pour l'application de cette disposition, est assimilé aux enfants vivants de l'héritier du donataire ou du légataire, tout enfant, quel que soit son âge, de l'héritier donataire ou légataire, qui, étant militaire, est mort sous les drapeaux pendant la durée de la guerre ou, soit sous les drapeaux, soit après son renvoi dans ses foyers, est mort dans l'année à compter de la cessation des hostilités, de blessure reçue ou de maladie contractée pendant la guerre, ou encore tout enfant qui, n'étant pas militaire, a été tué par l'ennemi au cours des hostilités ou est décédé des suites de faits de guerre, soit durant les hostilités, soit dans l'année à compter de leur cessation (L. 25 juin 1920, art. 34).

Le bénéfice de cette disposition est subordonné à la production : s'il s'agit d'un militaire, d'un certificat de l'autorité militaire constatant que la mort a été causée par une blessure reçue ou une maladie contractée pendant la durée de la guerre ; s'il s'agit d'un non militaire, d'un acte de notoriété délivré sans frais par le juge de paix du domicile du défunt et établissant les circonstances de la blessure ou de la mort (L. 25 juin 1920, art. 34).

Lorsqu'il s'agit de successions dont le montant total ne dépasse pas 25.000 fr. (taxe successorale déduite), et dont les parts nettes des héritiers n'excèdent pas 10.000 francs, les droits de mutation restent soumis aux tarifs indiqués au tableau ci-après (LL. 8 avril 1910, art. 10 ; 31 décembre 1917, art. 12 et 25 juin 1920, art. 33).

TARIF applicable à la fraction comprise entre		NOMBRE D'ENFANTS LAISSÉS PAR LE DÉFUNT			
		Trois enfants vivants ou représentés.	Deux enfants vivants ou représentés.	Un enfant vivant ou représenté.	Point d'enfant vivant ni représenté.
francs.	francs.	p. 100	p. 100	p. 100	p. 100
1 et	2.000	0.25	0 50	1 »	3 »
2.001 et	10.000	0.50	1 »	2 »	6 »
10.001 et	50.000	0.75	1 50	3 »	9 »
50.001 et	100.000	1 »	2 »	4 »	12 »
100.001 et	250.000	1 25	2 50	5 »	15 »
250.001 et	500.000	1 50	3 50	6 50	18 »
500.001 et	1.000.000	2 25	4 25	8 »	21 »
1.000.001 et	2.000.000	3 20	6 »	12 »	24 »
2.000.001 et	5.000.000	3 60	6 75	13 50	27 »
5.000.001 et	10.000.000	4 »	7 50	15 »	30 »
10.000.001 et	50.000.000	4 40	8 25	16 50	33 »
50.000.001 et	100.000.000	4 80	9 »	18 »	36 »
100.000.001 et	500.000.000	5 50	10 »	20 »	37 »
Au-dessus de 500.000.000		7 50	12 »	21 »	39 »

Sont applicables à cette taxe les dispositions qui régissent la liquidation, le paiement et le recouvrement des droits de mutation par décès, ainsi que les pénalités pour défaut de déclaration dans le délai, omission ou fausse évaluation. Le paiement de la totalité de la taxe est à la charge des héritiers, donataires ou légataires universels ou à titre universel qui doivent l'effectuer dans les mêmes délais que les droits de mutation par décès.

Pour l'application de la taxe successorale, doit être ajouté au nombre des enfants vivants ou représentés du défunt l'enfant qui est décédé après avoir atteint l'âge de seize ans révolus, et celui qui, âgé de moins de seize ans, a été tué par l'ennemi au cours des hostilités ou est décédé des suites de faits de guerre, soit durant les hostilités, soit dans l'année à compter de leur cessation.

Le bénéfice de cette disposition est subordonné à la production, dans le

passera des grands parents aux petits-enfants, par suite du prédécès du père ou de la mère, tué à l'ennemi ou mort victime de la guerre, le tarif applicable sera celui de la ligne directe descendante au premier degré sauf aux héritiers à produire les justifications prévues (L. 25 juin 1920, art. 30).

Le total de la fraction de la taxe

DEGRÉ DE PARENTÉ		TARIF, EN PRINCIPAL applicable aux successions ne dépassant pas 25.000 fr. et dont les parts nettes des héritiers n'excèdent pas 10.000 fr.	
		PARTS NETTES	
		de 1 à 2.000 fr.	de 2.001 à 10.000 fr.
Ligne directe descendante.	1er degré . .	1 » %	1 50 %
	2e degré . .	1 50	2 »
	au delà . . .	2 »	2 50
Ligne directe ascendante.	1er degré . .	1 »	1 50
	2e degré . .	1 50	2 »
	au delà . . .	2 »	2 50
Epoux.		1 50	2 »
Frères et sœurs.		10 »	10 75
Oncles ou tantes, neveux ou nièces		12 »	13 »
Petits neveux, grands-oncles, cousins germains.		15 »	16 »
Au delà du 4° degré et étrangers.		18 »	19 »

(1) Ce droit reste soumis aux deux décimes et demi anciens et supporte également les deux décimes établis par la loi du 22 mars 1924. Il est donc majoré de 5 décimes.

INDICATION des degrés de parenté.	TARIF, EN PRINCIPAL, APPLICABLE A LA FRACTION DE PART NETTE COMPRISE ENTRE										
	1 fr. et 10.000 fr.	10.001 et 50.000 fr.	50.001 et 100.000 fr.	100.001 et 250.000 fr.	250.001 et 500.000 fr.	560.001 et 1.000.000 de francs.	1.000.001 et 2.000.000 de francs.	2.000.001 et 5.000.000 de francs.	5.000.001 et 10.000.000 de francs.	10.000.001 et 50.000.000 de francs.	Au delà de 50.000.000 de francs.
	p. 100	p. 100	p. 100	p. 100	p. 100	p. 100	p. 100	p. 100	p. 100	p. 100	p. 100
	fr. c.	fr. c.	fr. c.	fr. c.	fr. c.	fr. c.	fr. c.	fr. c.	fr. c.	fr. c.	fr. c.
Ligne directe descendante au 1er degré	2 50	3 50	4 50	5 50	6 50	7 50	8 50	9 50	10 50	11 50	12 50
Ligne directe descendante au 2e degré et entre époux. . .	3 »	4 »	5 »	6 »	7 »	8 »	9 »	10 »	11 »	12 »	13 »
Ligne directe descendante au delà du 2e degré.	3 50	4 50	5 50	6 50	7 50	8 50	9 50	10 50	11 50	12 50	13 50
Ligne directe ascendante au 1er degré	4 »	5 »	6 »	7 »	8 »	9 »	10 »	11 »	12 »	13 »	14 »
Ligne directe ascendante au 2e degré et au delà	4 50	5 50	6 50	7 50	8 50	9 50	10 50	11 50	12 50	13 50	14 50
Entre frères et sœurs.	12 »	14 »	16 »	18 »	20 »	22 »	24 »	26 »	28 »	30 »	32 »
Entre oncles ou tantes et neveux ou nièces	17 »	19 »	21 »	23 »	25 »	27 »	29 »	31 »	33 »	35 »	37 »
Entre grands-oncles ou grand'-tantes et petits-neveux ou petites-nièces et entre cousins germains	22 »	24 »	26 »	28 »	30 »	32 »	34 »	36 »	38 »	40 »	42 »
Entre parents au delà du 4e degré et entre personnes non parentes.	27 »	29 »	31 »	33 »	35 »	37 »	39 »	41 »	43 »	45 »	47 »

Les dons et legs particuliers faits à des mutilés de guerre frappés d'une invalidité de 50 p. 100 au minimum bénéficieront à concurrence des premiers 100.000 fr. du tarif réduit de 9 fr. p. 100 (L. 25 juin 1920, art. 33).

Pour la liquidation et le paiement des droits de mutation par décès, sont déduites les dettes à la charge du défunt dont l'existence, au jour de l'ouverture de la succession, sera dûment justifiée par des titres susceptibles de faire preuve en justice contre le défunt, sous les justifications et pénalités prévues par la loi (L. du 25 fév. 1901, art. 2, 3, 4, 5, 6, 8, 9 et 10, et la taxe successorale perçue en exécution de l'art. 10 de la loi du 31 décembre 1917).

Sont soumis au droit proportionnel de 9 fr. p. 100 les legs faits aux **départements et aux communes** en tant qu'ils sont affectés par la volonté expresse du défunt à des œuvres d'assistance; ainsi que les legs faits aux **établissements charitables et hospitaliers, aux sociétés de secours mutuels** et à toutes autres sociétés reconnues d'utilité publique dont les ressources sont affectées à des œuvres d'assistance; aux sociétés d'instruction et d'éducation populaire gratuites, reconnues d'utilité publique et subventionnées par l'Etat (LL. 25 février 1901, art. 19 et 31 décembre 1917, art. 16).

Les legs faits aux offices publics d'habitations à bon marché sont soumis à un droit de 9 fr. 100 dans les conditions déterminées par l'art. 29 de la loi du 25 février 1901 (L. 5 décembre 1922, art. 72).

Les legs de sommes d'argent ou d'immeubles faits aux départements, aux villes et aux établissements pourvus de la personnalité civile avec obligation, pour les bénéficiaires, de consacrer ces libéralités à l'achat d'œuvres d'art, de monuments ou d'objets ayant un caractère historique, de livres, d'imprimés ou de manuscrits destinés à figurer dans une collection publique, ou à l'entretien d'une collection publique sont soumis au droit de 9 p. 100 (L. 30 juin 1923, art. 24).

En cas de renonciation à une succession, à un legs ou à une donation, le droit de mutation par décès exigible sur les biens qui, par l'effet de la renonciation, adviennent aux héritiers, donataires ou légataires acceptants, ne peut pas être inférieur à celui qui aurait été dû par le renonçant, s'il avait accepté (L. 13 juillet 1925, art. 51).

Cependant, les tarifs édictés par les lois de 1901, de 1917 et de 1920 continueront d'être applicables aux biens qui, par suite de renonciation, reviendront aux départements, communes et autres collectivités bénéficiant du tarif réduit de 9 p. 100 pour les legs leur profitant personnellement et leur conférant le droit à l'accroissement.

La valeur de la propriété des biens meubles est déterminée pour le payement et la liquidation des droits de mutation par décès :

1º Par le prix exprimé dans les actes de vente lorsque cette vente a lieu publiquement dans les deux années du décès;

2º A défaut d'actes de vente, en prenant pour base 60 p. 100 de l'évaluation faite dans les contrats ou conventions d'assurances en cours au jour du décès et conclus par le défunt, son conjoint ou ses auteurs moins de dix ans avant l'ouverture de la succession, sauf preuve contraire.

Cette disposition ne s'applique pas aux polices d'assurances concernant les récoltes, les bestiaux et les marchandises;

3º A défaut d'actes de vente ou d'assurance, par l'estimation contenue dans les inventaires s'il en est dressé dans les formes prescrites par l'art. 943 du Code de procédure civile et dans les cinq années du décès pour les meubles meublants et par l'estimation contenue dans les inventaires et autres actes s'il en est passé, dans le même délai, pour les autres biens meubles;

4º A défaut des bases d'évaluations établies aux trois paragraphes précédents, par la déclaration faite conformément au § 8 de l'art. 14 de la loi du 22 frimaire an VII; toutefois, pour les meubles meublants, la valeur imposable ne pourra être inférieure à 5 p. 100 de l'ensemble des autres valeurs mobilières ou immobilières de la succession, sauf preuve contraire.

Les dispositions qui précèdent ne sont applicables ni aux créances, ni aux rentes, actions, obligations, effets publics et autres biens meubles dont la valeur et le mode d'évaluation sont déterminés par des lois spéciales (L. 30 juin 1923, art. 20).

L'évaluation des biens immeubles est soumise aux règles exposées ci-devant, v° *Donations entre vifs*.

Est réputé au point de vue fiscal, faire partie, jusqu'à preuve contraire, de la succession de l'usufruitier, toute valeur mobilière, tout bien meuble ou immeuble appartenant pour l'usufruit au défunt, et, pour la nue propriété, à l'un de ses présomptifs héritiers ou descendants d'eux, même exclu par testament, ou à ses donataires ou légataires institués, même par testament postérieur, ou à des personnes interposées, à moins qu'il y ait eu donation régulière (L. 13 juillet 1925, art. 45).

V. *Immunités fiscales*.

NANTISSEMENT. Lorsqu'il est fourni par un tiers, D. p. 0 fr. 50 p. 100 (1), sans qu'il puisse excéder le droit applicable à l'obligation principale (L. du 22 frim. an VII, art. 69, § 2, n° 8).

Lorsqu'il est fourni par le débiteur, D. f. 6 fr.

V. *Prêts sur dépôts*.

NANTISSEMENT DES FONDS DE COMMERCE. — Droit d'inscription perçu lors de l'enregistrement de l'acte de vente sur le prix ou la portion du prix non payé et lors de l'enregistrement du contrat de nantissement sur le capital de la créance. D. p. 0,05 p. 100 (L. 17 mars 1909, art. 34.) Inscriptions en renouvellement. Droit perçu sur la présentation des bordereaux avant leur dépôt au greffe (même art.). Double décime en sus.
— V. *Immunités fiscales,* v° Nantissement de fonds de commerce.

NOMINATIONS d'arbitres — V. *Compromis.*

NOMINATIONS d'experts, hors jugement (LL. 28 avril 1816, art. 43, n° 15; 28 février 1872, art. 4 et D. 3 août 1926, art. 1er). D. f. 22 fr. 50.

NOTORIÉTÉ. — V. (*Acte de*).

OBLIGATIONS à la grosse aventure ou pour retour de voyage (L. 22 frim. an VIII, art. 69, § 2, n° 10). D. p. 50 c. par 100 fr. (1).

OBLIGATIONS de sommes (LL. 22 frim. an VII, art. 69, § 3, n° 3; 7 août 1850, art. 9; 5 mai 1855, art. 15). D. p. 1 fr. p. 100 (1) sur le capital reconnu.

OBLIGATIONS hypothécaires au porteur de la grosse (L. 13 juillet 1925, art. 47). D. p. 5 fr. p. 100. Double décime en sus.

OBLIGATIONS hypothécaires dont la cession, pour être parfaite, n'est pas soumise aux dispositions de l'art. 1690 C. c. (L. 31 décembre 1921, art. 24). D. p. 3 fr. p. 100. Double décime en sus.

OBLIGATIONS hypothécaires nominatives constatant ou autorisant la création de billets à ordre en représentation desdites obligations (L. 3 décembre 1921, art. 24). D. p. 3 fr. p. 100. Double décime en sus.

OFFICES (transmissions d'). — Les traités ou conventions ayant pour objet la transmission à titre onéreux d'un office sont assujettis aux tarifs ci-après, pour chacune des fractions du prix augmenté des charges :
De 1 à 2.000 fr., 3 p. 100.
De 2.001 à 5.000 fr., 4,50 p. 100.
De 5.001 à 50.000 fr., 6 p. 100.
De 50.001 à 100.000 fr., 7,50 p. 100.
De 100.001 à 200.000 fr., 9 p. 100.
Au-dessus de 200.000 fr., 10,50 p. 100 (L. 13 juillet 1925, art. 38).
Mais ce tarif, qui n'est pas soumis au double décime, n'est applicable qu'aux transmissions à titre onéreux.
Les droits de donation exigibles sur les transmissions d'offices et des objets mobiliers en dépendant qui s'opèrent par suite de dispositions gratuites entre vifs ou à cause de mort ne peuvent être inférieurs à ceux qui seraient dus en appliquant, suivant la valeur de l'office, les tarifs précédemment édités par la loi du 30 juillet 1913, art. 10, et qui sont les suivants :
De 1 à 2.000 fr., 2 p. 100.
De 2.001 à 5.000 fr., 3 p. 100.
De 5.001 à 50.000 fr., 4 p. 100.
De 50.001 à 100.000 fr., 5 p. 100.
Au-dessus de 100.000 fr., 6 p. 100.
Lorsque l'office transmis par décès

passe à l'un des héritiers ou à l'héritier unique du titulaire, le droit est également perçu d'après ces tarifs dans les conditions prévues par l'art. 9 de la loi du 25 juin 1841.
Le droit d'enregistrement des transmissions d'office ne peut, dans aucun cas, être inférieur :
1° A 10 p. 100 du cautionnement attaché à la fonction ou à l'emploi si le prix de la cession augmenté des charges ou la valeur de l'office ne dépasse pas 2.000 fr.;
2° A 12 p. 100 de ce cautionnement si le prix dépasse 2.000 fr., sans excéder 5.000 fr.;
3° A 15 p. 100 de ce cautionnement si le prix dépasse 5.000 fr., sans excéder 50.000 fr.;
4° A 18 p. 100 de ce cautionnement si le prix dépasse 50.000 fr., sans excéder 100.000 fr.;
5° A 20 p. 100 de ce cautionnement au-dessus de 100.000 fr.

Offices ayant leur siège à Paris : en plus, 1 fr. 25 p. 100 fr. sans décimes (L. du 31 déc. 1900, art. 1 et 10).
En cas de créations nouvelles de charges ou en cas de nominations de nouveaux titulaires sans présentation, par suite de destitution ou pour tout autre motif, les décrets qui y pourvoient sont assujettis, sur le montant du cautionnement attaché à la fonction ou à l'emploi, à un droit d'enregistrement :
1° De 20 p. 100 si la valeur de l'office n'excède pas 2.000 fr.;
2° De 24 p. 100 si cette valeur dépasse 2.000 fr. sans excéder 5.000 fr.;
3° De 30 p. 100 si cette valeur dépasse 5.000 fr. sans excéder 50.000 fr.;
4° De 36 p. 100 si cette valeur dépasse 50.000 fr. sans excéder 100.000 fr.;
5° De 40 p. 100 au-dessus de 100.000 fr.
Le classement de l'office dans l'une des cinq catégories sera déterminé, pour la perception, par la déclaration que le nouveau titulaire sera tenu de souscrire sur l'ampliation du décret de nomination.
Si, comme condition de leur nomination, les nouveaux titulaires sont soumis à payer une somme déterminée pour la valeur de l'office, le droit est exigible sur cette indemnité d'après les tarifs qui précèdent, sauf application des minimums de 10, 12, 15, 18 et 20 p. 100 du cautionnement (L. 30 juillet 1913, art. 10).

ORDONNANCES de Cour d'appel ou en matière de divorce (LL. 28 avr. 1816, art. 45, n° 6; 28 février 1872, art. 4 et D. 3 août 1926, art. 1er). D. f. 56 fr. 20.

ORDONNANCES des juges des tribunaux civils et de commerce (LL. 28 avr. 1816, art. 44, n° 10; 28 février 1872, art. 4 et D. 3 août 1926, art. 1er). D. f. 33 fr. 70.

ORDONNANCES des juges de paix. D. f. 11 fr. 20.

ORDRES EN JUSTICE (C. pr., art. 773, L. 26 janv. 1892, art. 16, § 4). D. p. 1 fr. p. 100 (1).

ORDRES AMIABLES (C. pr., art.

---

(1) Ce droit reste soumis aux deux décimes et demi anciens et supporte également les deux décimes établis par la loi du 22 mars 1924. Il est donc majoré de 5 décimes.

751, L. 26 janvier 1892, art. 16, § 3). D. p. 0 fr. 75 par 100 francs (1).

ORDRES CONSENSUELS et distributions amiables (L. du 28 fév. 1872, art. 5, n° 1). D. p. 0 fr. 50 par 100 fr. (1).

OUVERTURES de crédit, pures et simples. D. p. 50 cent. par 100 fr. (1), sauf perception du droit complémentaire d'obligation en cas de réalisation constatée (L. 23 août 1871, art. 5).

PARTAGES de biens meubles et immeubles entre copropriétaires à quelque titre que ce soit, pourvu qu'il en soit justifié, et sans soulte (LL. 28 avr. 1816, art. 45, n° 3; 28 février 1872, art. 1er, n° 5 et art. 2; 28 avril 1893, art. 19; 22 avril 1905, art. 5 et 29 juin 1918, art. 15). D. p. 0.50 pour 100 d'après le montant de l'actif net partagé. — S'il y a retour ou soulte, v. *Retours.* Double décime.

PARTAGES D'ASCENDANTS. — V. *Donation entre vifs.*

PARTAGES JUDICIAIRES ou homologués. — V. *Adjudications judiciaires* et *Jugements.*

PARTAGES TESTAMENTAIRES. — Droit de 0.50 p. 100 sur l'actif partagé et droits de soulte d'après les tarifs ordinaires. Double décime.

PENSION. — V. *Rente.*

PENSIONS alimentaires (L. 16 juin 1824, art. 1 et 25 juin 1920, art. 26). D. p. 60 cent. p. 100 fr. Double décime.

POLICES D'ASSURANCE. — V. *Assurance.*

PRESTATIONS DE SERMENT :
Gardes et agents salariés par l'État, les communes, départements et établissements publics dont le traitement et ses accessoires n'excèdent pas 10.000 fr., D. f. 33 fr. 70; préposés temporaires, D. f. 11 fr. 20; surnuméraires et agents auxiliaires, par acte judiciaire, D. f. 11 fr. 20; avoués, avocats, notaires, commissaires-priseurs, D. f. 168 fr. 70; greffiers de paix et commis-greffiers, D. f. 33 fr. 70; huissiers de justice de paix, D. f. 33 fr. 70; huissiers des cours et tribunaux, D. f. 168 fr. 70; experts en justice, D. f. 11 fr. 20; (LL. 22 frim. an VII, art. 68, § 3, n° 3, et § 6 n° 4; 28 février 1872, art. 4; 28 avril 1893, art. 26 et D. 13 octobre 1926, art. 1er).

PRÊTS sur dépôts ou consignations *au profit de commerçants* (LL. 8 sept. 1830; 28 février 1872, art. 4; 25 juin 1920, art. 28; 30 avril 1921, art. 6 et D. 3 août 1926, art. 1er). D. f. 22 fr. 50.

PRISÉES de meubles (LL. 22 frim an VII, art. 68, § 1, n° 34; 18 mai 1850, art. 8; 28 février 1872, art. 4 et D. 3 août 1926, art. 1er). D. f. 22 fr. 50.

PRISES DE POSSESSION en vertu d'actes enregistrés (LL. 22 frim. an VII, art. 68, § 1, n° 33; 18 mai 1850, art. 8; 28 février 1872, art. 4 et D. 3 août 1926, art. 1er). D. f. 22 fr. 50.

PROCÈS-VERBAUX d'apposition, de reconnaissance et de levée de scellés. — *Il est dû un droit pour chaque vacation* (LL. 19 juillet 1845, art. 5 : 28 février 1872, art. 4; 28 avril 1893, art. 24 et D. 3 août 1926, art. 1er). D. f. 22 fr. 50.

— V. *Immunités fiscales,* v^is Accidents du travail, Bateaux à vapeur

Émigration, Lignes télégraphiques, Pêche du hareng, Pêche fluviale, Poids et mesures, Police des chemins de fer. Police générale, Police de roulage, Police simple et correctionnelle, Servitudes militaires, Sources d'eaux minérales, Union postale.

PROCÈS-VERBAUX de délits et de contraventions aux règlements généraux de police ou d'impositions (LL. 22 frim. an VII, art. 68, § 1, n° 50 ; 28 avril 1816, art. 43, n° 16 ; 19 février 1874, art. 2 ; 28 avril 1893, art. 22 et D. 3 août 1926, art. 1er). D. f. 15 fr.

PROCÈS-VERBAUX des notaires. — V. *Actes innomés.*

PROCÈS-VERBAUX et rapports d'employés, gardes, commissaires, séquestres, experts et arpenteurs (LL. 28 avr. 1816, art. 43, n° 16 ; 28 février 1872, art. 4 et D. 3 août 1926, art. 1er). D. f. 22 fr. 50.

PROCÈS-VERBAUX de nomination de tuteurs et curateurs (LL. 19 juillet 1845, art. 5 ; 28 février 1872, art. 4 ; 28 avril 1893, art. 24 et D. 3 août 1926, art. 1er). D. f. 22 fr. 50.

PROCURATIONS et pouvoirs pour agir, ne contenant aucune stipulation ni clause donnant lieu au droit prop. (LL. 28 avril 1816, art. 43, n° 17 ; 28 février 1872, art. 4 et D. 3 août 1926, art. 1er). D. f. 22 fr. 50.

— V. *Immunités fiscales*, v⁰ˢ Soc. de secours mutuels, Conseils de prud'hommes.

PRODUCTION (Actes de) mentionnés dans l'art. 754 du Code de procédure (LL. 22 frim. an VII, art 68, § 1, n° 51 ; 28 fév. 1872, art. 4 et D. 3 août 1926, art. 1er) D. f. 11 fr. 20.

PROMESSES D'APPORT, de bail, de vente et autres. V. *Actes innomés.*

PROMESSES de payer (LL. 22 frim. an VII, art. 69, § 3, n° 3 ; 7 août 1850, art. 9 et 5 mai 1855, art. 15). D. p. 1 fr. p. 100 (1).

PROROGATIONS de délai, lorsque le titre est enregistré (L. 28 avril 1893, art. 19 et 29 juin 1918, art. 15). D. p. 1 fr. p. 100 d'après le montant de la créance dont le terme d'exigibilité est prorogé. Double décime.

PROTÊTS par les huissiers ou par les notaires (L. 28 avril 1893, art. 22 et D. 3 août 1926, art. 1er). D. f. 7 fr. 50. — V. *Dénonciation de protêt.*

PRUD'HOMMES (Actes et jugements des). — V. *Immunités fiscales*, v° Conseils de prud'hommes.

QUITTANCES, remboursements et rachats de rentes et redevances de toute nature, et tous autres actes et écrits portant libération de sommes et valeurs mobilières (LL. 22 frim. an VII, art. 69, § 2, n° 11 ; 7 août 1850, art. 9 et 5 mai 1855, art. 15). D. p. 50 c. p. 100 fr. (1).

Lorsque l'amortissement ou le rachat d'une rente ou pension constituée à titre gratuit est effectué moyennant l'abandon d'un capital supérieur à celui formé de 20 fois la rente perpétuelle et de 10 fois la rente viagère ou la pension, un supplément de droit de donation est exigible sur la différence entre ce capital et la valeur imposée lors de la constitution (L. 18 avril 1918, art. 16).

QUITTANCES de répartition par les créanciers au syndic ou au caissier de la *faillite*, quel que soit le nombre d'émargements sur chaque répartition (L. 24 mai 1834, art. 15 ; 28 février 1872, art. 4 et D. 3 août 1926, art. 1er). D. f. 22 fr. 50.

RACHAT DE RENTE. — V. *Quittances.*

RATIFICATIONS pures et simples d'actes en forme (LL. 22 frim. an VII, art. 68, § 1, 38 ; 18 mai 1850, art. 8 ; 28 février 1872, art. 4 et D. 3 août 1926, art. 1er). D. f. 22 fr. 50.

RÉCÉPISSÉS de marchandises déposées dans les magasins généraux établis en vertu du décret du 21 mars 1848, de la loi du 28 mai 1858, art. 13 et du décret du 3 août 1926, art. 1er. D. f. 11 fr. 20.

RECONNAISSANCES de dépôts de sommes chez des particuliers (LL. 22 frim. an VII, art. 69, § 3, n° 3 ; 7 août 1850, art. 9 et 5 mai 1855, art. 15). D. p. 1 fr. p. 100 fr. (1).

RECONNAISSANCES d'enfants naturels. — V. *Immunités fiscales*, v° Enfants naturels.

RECONNAISSANCES pures et simples, ne contenant aucune obligation ni quittance (LL. 28 avr. 1816, art. 43, n° 8 ; 28 février 1872, art. 4 et D. 3 août 1926, art. 1er). D. f. 22 fr. 50.

RÉMÉRÉ. — V. *Retrait.*

REMPLOI. — V. *Déclarations* simples en matière civile ou de commerce.

RENONCIATIONS à successions, legs ou communautés : 1° par acte civil (LL. 22 frim. an VII, art. 68, § 1, n° 1 ; 18 mars 1850, art. 8 ; 28 févr. 1872, art. 4 et D. 3 août 1926, art. 1er). D. f. 22 fr. 50 par renonçant et par succession ; 2° par acte au greffe. (LL. 22 frim. an VII, art. 68, § 2, n° 6 ; 28 avril 1816, art. 44, n° 10 ; 28 février 1872, art. 4 ; 28 avril 1893, art. 25 et D. 3 août 1926, art. 1er). D. f. 33 fr. 70 unique quel que soit le nombre des renonçants et celui des successions répudiées.

RENTE. — Constitution à titre onéreux, cession, transport ou délégation (L. 22 frimaire an VII, art. 69, § 5, n° 2). D. p. 2 fr. p. 100 (1). — V. *Quittances.*

RENTES sur l'État. — Les rentes sur l'État sont, comme tous les biens meubles, sujets aux droits de donation et de succession. — V. *ces mots.*

RÉPARTITIONS aux créanciers en matière de faillite ou de liquidation judiciaire (L. 26 janv. 1892, art. 16, § 1). D. p. 0 fr. 25 p. 100 fr. (1).

RÉSILIATION DE BAIL. Quand elle est *verbale : Exempte de droit.* — Consentie par acte notarié, dr. pr. à 60 cent. p. 100 (double décime en sus) sur le loyer ou fermage restant à courir de la période en cours avec maximum de 22 fr. 50 (D. 3 août 1926, art. 1er).

(1) Ce droit reste soumis aux deux décimes et demi anciens et supporte également les deux décimes établis par la loi du 22 mars 1924. Il est donc majoré de 5 décimes.

RÉSILIEMENTS purs et simples par actes authentiques dans les 24 heures des actes résiliés (LL. 28 avr. 1816, art. 43, n° 20 ; 28 févr. 1872, art. 4 et D. 3 août 1926, art. 1er). D. f. 22 fr. 50.

RÉSOLUTIONS. — L'annulation, la révocation, la résolution ou la rescision prononcée pour quelque cause que ce soit, par jugement ou arrêt, ne donne pas lieu à la perception du droit proportionnel de mutation (L. 18 janvier 1912).

RÉSOLUTIONS par jugements, de contrats de vente d'immeubles pour cause de *nullité radicale* (LL. 22 frim. an VII, art. 68, § 3, n° 7 ; 28 avr. 1816, art. 45, n° 5 ; 28 fév. 1872, art. 4 et D. 3 août 1926, art. 1er). D. f. 56 fr. 20.

RÉSOLUTIONS par jugements, de vente d'immeubles, *pour défaut de paiement quelconque sur le prix de l'acquisition lorsque l'acquéreur n'est point entré en jouissance* (LL. 27 vent. an IX, art. 12 ; 28 février 1872, art. 4 et D. 3 août 1926, art. 1er). D. f. 56 fr. 20.

RÉSOLUTIONS par actes à l'amiable de contrats de ventes d'immeubles (LL. 22 avril 1905, art. 2 et 4 avril 1926, art. 30). D. p. 15 fr. p. 100 sans décimes.

RETOURS ou soultes de partage de biens *meubles* (LL. 22 frim. an VII, art. 67, § 5, n° 7 ; 25 juin 1920, art. 24 et 13 juillet 1925, art. 43). D. p. 5 fr. 50 p. 100. Double décime.

RETOURS de biens *immeubles* (LL. 22 frim. an VII, art. 69, § 7, n° 5 ; 25 juin 1920, art. 25 et 4 avril 1926, art. 30). D. p. 15 fr. par 100 fr. sans décimes. On doit, dans tous les cas, imputer les soultes de la manière la plus favorable aux parties ; — de sorte qu'elles ne donnent lieu à aucun droit si on peut les imputer sur des rapports de dot, sur des rentes sur l'État ou d'autres valeurs exemptes de droit ; — en cas d'imputation sur des valeurs nominatives dont le transfert est passible du droit de 0,90 p. 100, c'est ce droit qu'on perçoit ; si elles s'imputent sur des créances, il y a lieu de percevoir le droit de 1 fr. p. 100 (1).

RETOURS d'échanges de biens *immeubles.* — V. *Échange.*

RÉTRACTATIONS ET RÉVOCATIONS (LL. 28 avril 1816, art. 43, n° 21 ; 28 février 1872, art. 4 et D. 3 août 1926, art. 1er). D. f. 22 fr. 50.

RETRAITS de réméré par acte public dans les délais stipulés, ou faits s. s. privé et présentés à l'enr. *avant* l'expiration des délais, et *avant* celui de cinq ans (LL. 22 frim. an VII, art. 69, § 2, n° 1 ; 7 août 1850, art. 9 et 15 mai 1855, art. 15). D. p. 50 c. par 100 fr. (1).

RETRAITS exercés *après* l'expiration des délais convenus par les contrats de vente sous faculté de réméré ou *après celui de cinq ans à compter du jour du contrat* (LL. 22 avril 1905, art. 2 et 25 juin 1920, art. 25). D. p. 15 fr. p. 100 quand ils ont pour objet des immeubles.

RÉTROCESSIONS de biens *meubles* (LL. 22 frim. an VII, art. 69, § 5, n° 1, 25 juin 1920, art. 24 et 13 juillet 1925 art. 43). D. p. 5 fr. 50 par 100 fr. Double décime. — De biens *immeu-*

bles (LL. 22 avril 1905, art. 2 et 4 avril 1926, art 30). D. p. 15 fr. p. 100 sans décimes.

RÉUNIONS d'usufruit à la propriété par acte de cession, donation ou renonciation quand la nue propriété a été transmise par décès ou par acte de donation (L. 28 av. 1816, art. 54). D. pr. *de transcription* 2 fr. p. 100. Double décime en sus.

Les tarifs indiqués ci-dessus ne s'appliqueront qu'aux réunions d'usufruit à la nue propriété de biens dont la toute propriété a subi le démembrement antérieurement à la loi du 25 février 1901.

Pour les usufruits qui ont été créés distinctement de la nue propriété postérieurement à ladite loi, la réunion de cet usufruit a la nue propriété, avant l'époque fixée pour la réunion, donnera lieu à la perception du droit selon la nature de la mutation, sur la valeur de l'usufruit (ou de la nue propriété s'il s'agit d'une réunion de nue propriété à usufruit) fixée d'après les règles tracées par l'article 13 de la loi du 25 février 1901 (V. ci-dessus : *Donation entre vifs*).

Dans tous les cas, le droit fixe cessera d'être exigible pour toute réunion de l'usufruit à la nue propriété operée par acte de cession dont le prix principal ne dépassera pas 2.000 fr. (L. 25 fév. 1901, art. 21).

ROLES d'équipages. — V. *Immunités fiscales*, v° Armées de terre et de mer.

SAISIES (Exploits). — *Il est dû le droit fixe de 15 fr. pour chaque partie d'un procès-verbal de saisie enregistrée dans les quatre jours de sa date, quel que soit le nombre d'heures ou de vacations employées* (D. 17 mai et 21 juin 1808; I. 28 juillet 1808, 390, n° 13 et LL. 19 fév. 1874, art. 4; 28 avril 1893, art. 22 et D. 3 août 1926, art. 1er).

SAISIE-ARRÊT. — V. *Immunités fiscales*, v° Saisie-arrêt sur les salaires et petits traitements.

SCELLÉS. — V. *Procès-verbaux*.

SENTENCES arbitrales : homologuant une liquidation ou partage, D. p. 25 cent. p. 100 fr. (1), *minimum* 56 fr. 20; en matière commerciale, D. p. 1 fr. 25 p. 100 (1), *minimum* 33 fr. 70; en matière civile, D. p. 2 fr. p. 100 (1), *minimum* 16 fr. 20; prononçant des dommages, D. p. 3 fr. p. 100 (1), *minimum* 33 fr. 70 ou 16 fr. 20 comme ci-dessus (L. 26 janv. 1892, art. 16 et 17 et D. 3 août 1926, art. 1er).

SIGNIFICATIONS. — V. *Exploits, Dénonciations de protêts et Protêts*.

SOCIÉTÉS. Actes de formation et de prorogation de société, ne portant ni obligation, ni libération, ni transmission de biens meubles ou immeubles entre les associés ou autres personnes (LL. 28 février 1872, art. 1, n° 1 et art. 2; 28 avril 1893, art. 19; 29 juin 1918; art. 13 et 13 juillet 1925, art. 40). D. p. 2 fr. 50 p. 100 d'après le montant total des apports mobiliers et immobiliers, déduction faite du passif. Double décime.

Toutefois la jurisprudence décide qu'en cas de partage du fonds social après dissolution de la société, le droit de mutation devient exigible sur les biens ayant fait l'objet d'apports en société et d'après la valeur de ces biens au moment de l'apport, si les biens dont il s'agit sont attribués à un autre associé que celui qui en a fait apport. (Cass. ch. réun., 22 décembre 1904, J. N. 28505).

En cas d'apport immobilier, le droit de 2 fr. 50 p. 100 est augmenté de celui de transcription à 2 fr. p. 100 (L. 13 juillet 1911, art. 8). Le droit de transcription est perçu en France, alors même qu'il s'agit d'apports d'immeubles situés en Algérie, et inversement (L. 29 juin 1915, art. 8). Double décime.

Le droit proportionnel est de 1 p. 100 en principal pour les actes de fusion de sociétés déjà existantes, pourvu que la durée de la société provenant de cette fusion ne dépasse pas le nombre d'années durant lesquelles devait encore exister celle des sociétés fusionnées dont le terme était le moins éloigné (L. 13 juillet 1925, art. 40).

Actes de dissolution de société ne contenant ni obligation, ni libération, ni transmission des biens meubles et immeubles entre les associés ou autres personnes. D. f. 56 fr. 20 (LL. 22 frimaire an VII, art. 68, § 3, n° 4; 28 avril 1816, art. 45, n° 2; 28 février 1872, art. 4 et D. 3 août 1926, art. 1er). V. *Immunités fiscales*, v° Sociétés de secours mutuels.

SOULTES. — V. *Retours*.

SOUMISSIONS et enchères, hors celles faites en justice, sur des objets mis ou à mettre en adjudication ou en vente, ou sur des marchés à passer, lorsqu'elles sont faites par des actes séparés de l'adjudication (LL. 22 frim. an VII, art. 68, § 1, n° 43; 18 mai 1850, art. 8; 28 fév 1872, art. 4 et D. 3 août 1926, art. 1er). D. f. 22 fr. 50.

SUBROGATIONS CONVENTIONNELLES (LL. 22 frim. an VII, art. 69, § 3, n° 3; 7 août 1850, art. 9 et 5 mai 1855, 15). art. D. p. 1 fr. p. 100 (1).

SUBROGATIONS LÉGALES (LL. 22 frim. an VII, art. 69, § 2; 7 août 1850, art. 9 et 5 mai 1855, art. 15). D. p. 50 c. par 100 fr. (1).

SUCCESSION (droits de). — V. *Mutations par décès*.

TAXE SUCCESSORALE. — V. *Mutations par décès*.

TESTAMENTS (LL. 28 avr. 1816, art. 45, n° 4; 28 février 1872, art. 4 et D. 3 août 1926, art. 1er). D. f. 56 fr. 20. — V. *Partages testamentaires*.

TESTAMENTS, lorsqu'ils contiennent un legs d'immeubles à charge de restitution (L. 28 avr. 1816, art. 54; I. 24 déc. 1836, 1528, § 11). D. p. de transcription 2 fr. p. 100 fr. indépendamment du droit fixe. Double décime.

TITRES-NOUVELS et reconnaissances de rentes dont les contrats sont justifiés en forme (LL. 28 avril 1893, art. 19 et 29 juin 1918, art. 15). D. p. 1 fr. p. 100 d'après le capital des rentes. Double décime.

TRAITÉS réputés actes de commerce. — V. *Actes de commerce*.

TRANSACTIONS, en quelque matière que ce soit, ne contenant aucune stipulation de sommes et valeurs, ni dispositions soumises à un plus fort droit

(1) Ce droit reste soumis aux deux décimes et demi anciens et supporte également les deux décimes établis par la loi du 22 mars 1924. Il est donc majoré de 5 décimes.

d'enregistrement (LL. 28 avr. 1816, art. 44, n° 8; 28 février 1872, art. 4 et D. 3 août 1926, art. 1er). D. f. 33 fr. 70.

TRANSACTIONS en matière de douanes (D. 6 avr. 1833; I. 12 juill. 1833, art. 8; LL. 18 mai 1850; 28 févr. 1872, art. 4 et D. 3 août 1926, art. 1er). D. f. 11 fr. 20.

TRANSPORTS. — V. *Cessions de creances, Nantissements*.

UNIONS et directions de créanciers pures et simples (LL. 22 frim. an VII, art. 68, § 3, n° 6; 28 févr. 1872, art. 4 et D. 3 août 1926, art. 1er). D. f. 33 fr. 70.

Si elles portent obligations de sommes déterminées, par les cointéressés envers un ou plusieurs d'entre eux, ou autres personnes chargées d'agir pour l'union, il est perçu un droit particulier, comme pour obligation.

VENTES *de fonds de commerce ou de clientèles* (LL. 28 fév. 1872, art. 7; 25 juin 1920, art. 28 et 4 avril 1926, art. 30). Dr. pr. 9 fr. p. 100 sans décimes. — Le droit est perçu sur le prix tant de l'achalandage que de la cession du droit ou bail (c'est-à-dire sur le bénéfice particulier stipulé par le cédant en outre du loyer payable au propriétaire de l'immeuble), des objets mobiliers ou autres servant à l'exploitation, et aussi des marchandises neuves garnissant le fonds. — A ces droits, il y a lieu d'ajouter celui de 0 fr. 05 p. 100, sur le prix ou la portion du prix non payée (L. 17 mars 1909, art. 34). Double décime en sus.

Fonds de commerce exploités à Paris : en plus, droit de 1 fr. 25 p. 100 sans décimes sur le prix du fonds et de 0 fr. 32 p. 100 sur les marchandises neuves (L. 31 déc. 1900, art. 1 et 10).

Double décime

Surtaxe. — Pour toute cession à titre onéreux de fonds de commerce ou de clientèle, lorsque la valeur imposable est supérieure à 300.000 fr., le droit de 5,50 p. 100 est majoré d'une surtaxe calculée comme suit :

1 p. 100 en principal sur la portion de cette valeur qui excède 300.000 fr.;

2 p. 100 en principal sur la portion de cette valeur qui excède 500.000 fr.

Toutefois, la surtaxe n'atteint pas la fraction du prix afférente aux marchandises neuves, à moins que ces marchandises, n'ayant pas fait l'objet d'un prix spécial et n'ayant pas été détaillées article par article, ne soient imposables au tarif de 5,50 p. 100.

Elle n'atteint pas non plus les ventes faites sous l'une des formes ci-après :

Vente de biens dépendant d'une faillite;

Vente ou licitation de biens de mineurs, d'absents ou d'interdits;

Vente ou licitation en vue de partage de biens provenant de successions;

Vente de biens de successions vacantes ou de successions bénéficiaires.

VENTES de marchandises *avariées*, par les commissaires de marine, et des *débris de navires naufragés* (LL. 18 mai 1850, art. 8; 28 février 1872, art. 1, n° 3 et art. 2; 28 avril 1893, art. 19 et 29 juin 1918, art. 15). Droit p. 1 fr. p. 100 sur le montant de l'adjudication. Double décime.

VENTES totales ou partielles de navires et bateaux de toute nature servant à la navigation maritime ou à la navigation intérieure, dont la jauge nette est supérieure à 100 tonnes (L. 30 décembre 1916, art. 10). D. p. 5 fr. 50 p. 100 (LL. 25 juin 1920, art. 24 et 13 juillet 1925, art. 45). Double décime.

Le droit est perçu soit sur l'acte ou le procès-verbal de vente, soit sur la déclaration faite pour obtenir la francisation ou l'immatricule au nom du nouveau possesseur, soit sur une déclaration faite à un bureau d'enregistrement quelconque, dans les trois mois de la mutation (L. 22 mars 1924, art. 28).

L'art. 10 de la loi du 29 avril 1926 a réduit à 3 p. 100 sans décimes le droit proportionnel applicable aux mutations de navires « dans tous les cas où la mutation du navire est suivie d'une déclaration faite en vue d'obtenir ou de maintenir la francisation au nom du nouveau possesseur ».

VENTES de meubles et marchandises *après faillite* (L. 24 mai 1834, art. 12). D. p. 50 cent. par 100 fr. (1).

VENTES effectuées par les officiers publics ou ministériels ou constatées par actes authentiques ou s. s. p., de marchandises, denrées, fournitures ou objets classés comme étant de luxe et appartenant à un non-commerçant. D. p. 10 fr. p. 100 (L. 25 juin 1920, art. 58), sauf en ce qui concerne les œuvres d'art, les monuments ou objets ayant un caractère historique, les livres, imprimés ou manuscrits acquis par les départements, les villes et les établissements pourvus de la personnalité civile, si ces œuvres ou objets sont destinés à figurer dans une collection publique (L. 30 juin 1923, art. 23). Double décime.

VENTES publiques comprenant des marchandises, denrées, fournitures ou objets quelconques appartenant à une personne redevable de l'impôt sur le chiffre d'affaires, et classés comme étant de luxe. D. p. 10 fr. p. 100 sur le prix desdits objets (L. 25 juin 1920, art. 71). Double décime.

VENTES du mobilier du *failli*, aux enchères, par le ministère des officiers ministériels (L. 24 mai 1834, art. 12 et D. 25 juin 1841, art. 4 et 10). D. p. 50 c. p. 100 fr. (1).

VENTES publiques de marchandises et objets donnés en gage dans le cas prévu par l'art. 93 nouveau du Code de commerce. D. p. 10 cent. par 100 fr. (L. 23 mai 1863). Double décime.

VENTES publiques de marchandises neuves et en gros, à la Bourse et aux enchères, par les courtiers de commerce, dans les locaux spécialement déterminés à cet effet (L. 28 mai 1858, art. 4). D. p. 10 c. par 100 fr. (1).

VENTES de marchandises aux enchères et en gros, après décès ou cessation de commerce ou dans tous autres cas de nécessité, autorisées spécialement par le tribunal de commerce, faites par des courtiers ou par tous autres officiers publics désignés par ce tribunal. D. p. 10 c. par 100 fr. (1) (L. 3 juill. 1861, art. 3). Les règles édictées pour l'ouverture des magasins généraux par la loi du 31 août 1870 sont applicables à l'ouverture des salles de ventes publiques de marchandises en gros (Déc. du 9 juin 1896, art. 1er).

VENTE d'objets mobiliers à la requête du porteur d'un warrant hôtelier. D. p. 10 c. p. 100 (1) (L. 8 août 1913, art. 15).

VENTES de marchandises neuves autres que celles assujetties au droit de 1 fr. 25 par 100 fr. (LL. 22 frim. an VII, art. 9, § 5, n° 1; 25 juin 1920, art. 24 et 13 juillet 1925, art. 43). D. p. 5 fr. 50 p. 100. Double décime.

VENTES d'objets abandonnés en gage aux hôteliers. Taxe d'enregistrement de 15 p. 100 (double décime en sus) sur le produit brut de la vente (L. 29 avril 1926, art. 11).

— V. *Immunités fiscales*, même mot.

VENTES d'objets abandonnés chez les ouvriers et industriels. — V. *Immunités fiscales*.

VENTE publique de la marchandise engagée, à la requête d'un porteur de warrant agricole (L. 30 avril 1906, art. 17). D. p. 10 c. p. 100 fr. (1).

VENTES publiques de certains objets d'art. Taxe spéciale 1 fr. p. 100 au profit de la Caisse des monuments historiques (L. 31 décembre 1921, art. 36 et Déc. 18 mars 1924, art. 1er).

VENTES de biens *meubles* ou *immeubles*. — V. *Adjudications*.

WARRANT ou bulletin de gage séparé du récépissé de marchandises déposées dans les magasins généraux. (L. 28 mai 1858, art. 13). D. p. 50 c. par 100 fr. (1). Les endossements des warrants sont exempts de l'enregistrement (I. 11 mai 1859, n° 2149).

WARRANTS agricoles (LL. 18 juillet 1898, art. 16 et 30 avril 1906, art. 17). D. p. 0 fr. 50 par 100 fr. (1), exigible seulement en cas de vente de la marchandise engagée.

— V. *Immunités fiscales*.

PRESCRIPTIONS

Six mois. — Expertise tendant à constater l'insuffisance du prix de vente d'un fonds de commerce (L. 13 juillet 1925, art. 58) — ou l'insuffisance d'évaluation dans une déclaration de succession (L. 25 février 1901, art. 11).

Délai à compter du jour de l'enregistrement ou de la déclaration.

Un an. — Demande en restitution des droits régulièrement perçus, mais devenus restituables par application de la loi du 18 janvier 1912 (Inst. 3395), à compter du jour où ces droits sont devenus restituables.

Deux ans. — Expertise pour insuffisance de prix de vente d'immeubles, ou pour insuffisance d'évaluation en valeur vénale des immeubles transmis à titre gratuit.

Expertise pour insuffisance de prix de bateaux servant à la navigation maritime ou à la navigation intérieure dont la jauge nette est supérieure à 100 tonnes (L. 22 mars 1924, art. 28).

Expertise pour insuffisance d'évaluation du revenu des immeubles (L. 18 avril 1918, art. 15). Délai à compter du jour de la déclaration ou de l'enregistrement

Droit non perçu sur une disposition particulière d'un acte enregistré.

Supplément d'une perception insuffisamment faite.

Demande en restitution des droits perçus ou en répétition des droits restitués.

Les pénalités, en général, à compter du jour où l'Administration a été à même de les relever (L. 16 juin 1824, art. 14).

Trois ans. — Affirmations frauduleuses formulées à la suite des déclarations de mutation par décès et des ventes, à compter du jour de l'affirmation (L. 18 avril 1918, art. 9).

Cinq ans. — Taxe sur le revenu des valeurs mobilières.

Action en remboursement des droits régulièrement perçus sur des actes annulés (LL. 18 janvier 1912 et 31 janvier 1914; Inst. 3395).

Action de l'Administration relative aux biens détenus en usufruit par le défunt et dont la nue propriété appartient aux successibles (L. 13 juillet 1925, art. 45).

Dix ans. — Suppléments de droits exigibles par suite de fausse attestation ou de déclaration inexacte des dettes (L. 30 janvier 1907, art. 4).

Vingt ans. — Successions non déclarées (A compter du jour du décès).

Biens rentrés dans l'hérédité.

Omissions dans les déclarations de succession (A compter du jour de la déclaration) (L. 18 avril 1918, art. 11).

Trente ans. — Omissions des rentes sur l'Etat dans les déclarations de successions (L. 8 juillet 1852, art. 26).

Non-déclarations de successions comprenant des rentes sur l'Etat.

Insuffisances d'évaluations mobilières (Inst. 3395).

En général, tous les droits non assujettis à une prescription plus courte.

OBSERVATIONS.

Réduction des longues prescriptions. — Les prescriptions de dix, vingt et trente ans sont réduites à deux ans à compter du jour de l'enregistrement d'un écrit ou d'une déclaration qui révéleraient suffisamment l'exigibilité des droits, sans qu'il soit nécessaire de recourir à des recherches ultérieures (L. 31 janvier 1914, alinéa 8 de l'art. unique; Inst. n° 3395. p. 7).

Interruption de la prescription. — La prescription est interrompue par la signification, dûment enregistrée, d'une contrainte, d'une requête en expertise, d'une demande en restitution.

Elle est également interrompue par la reconnaissance écrite du débiteur (soumission), le paiement d'un acompte, et, de la part de l'Administration, la délivrance d'un ordre de restitution.

---

(1) Ce droit reste soumis aux deux décimes et demi anciens et supporte également les deux décimes établis par la loi du 22 mars 1924. Il est donc majoré de 5 décimes.

DROITS D'HYPOTHÈQUE

DROITS
AU PROFIT DU TRÉSOR

Inscription.

Les inscriptions sont soumises au droit proportionnel de 0 fr. 40 % majoré de deux décimes (avec un minimum de 0 fr. 60) payable d'avance au moment de la réquisition d'inscription et liquidé sur le capital de la créance inscrite (LL. 30 avril 1921, art. 4 et 5 et 22 mars 1924, art. 3).

Les inscriptions faites d'office conformément à l'art. 2108 C. civ. sont exemptes de la taxe; toutefois, celle-ci devra être acquittée lors du renouvellement desdites inscriptions (L. 27 juillet 1900, art. 2).

Le droit de 0 fr. 40 % est réduit de moitié (0,20 %) pour l'inscription des hypothèques prises en vertu d'actes d'ouverture de crédit non réalisé; le complément de la taxe de 0 fr. 40 % devient exigible lors de la réalisation ultérieure du crédit (L. 30 avril 1921, art. 5).

Lorsqu'il s'agit d'une créance éventuelle, la taxe n'est exigible que lorsque le droit éventuel s'est converti en créance réelle (Instr. de la Rég., n° 3018).

La perception suit les sommes de 20 fr. en 20 fr. inclusivement et sans fraction (L. 27 juillet 1900, art. 2).

S'il y a lieu à inscription d'une même créance dans plusieurs bureaux, le droit est acquitté en totalité dans le premier bureau; et il n'est payé pour chacune des autres inscriptions que le salaire du conservateur, sur représentation d'un duplicata de la quittance (L. 21 ventôse an VII, art. 22).

Transcription.

Droit proportionnel. — La transcription est soumise au droit proportionnel de 2 fr. p. 100 majoré de deux décimes sur le prix des mutations immobilières, quand ce droit n'a pas été perçu lors de l'enregistrement de l'acte (LL. 28 avril 1816, art. 54 et 61; 21 juin 1875, art. 1er; 25 juin 1920, art. 25 et 22 mars 1924, art. 3).

Si le même acte donne lieu à la transcription dans plusieurs bureaux, le droit est acquitté en totalité dans le premier bureau, et il n'est payé dans les autres que le salaire du conservateur, sur représentation d'un duplicata de la quittance (L. 21 vent. an VII, art. 26).

Taxe représentative du timbre et du droit fixe. — Depuis la suppression, par la loi du 27 juillet 1900, des droits de timbre et du droit fixe de transcription, la transcription est soumise à une taxe de remplacement de 0 fr. 40 % majoré de deux décimes (avec un minimum de 0 fr. 60) payable d'avance au moment de la réquisition de la transcription et liquidé sur le prix ou la valeur des immeubles ou des droits qui font l'objet de la transcription, suivant les règles applicables à la perception des droits d'enregistrement. La perception suit les sommes et valeurs de 20 fr. en 20 fr. inclusivement et sans fraction (LL. 27 juillet 1900, art. 1, 2 et 3, 30 avril 1921, art. 5 et 22 mars 1924, art. 3).

Ce droit de 0 fr. 40 % est réduit de moitié, 0 fr. 20 % pour la transcription des actes visés dans l'art. 2 de la loi du 23 mars 1855 et des actes de donation contenant partage, faits entre vifs, conformément aux art. 1075 et 1076 C. civ. (L. 30 avril 1921, art. 5).

Si les sommes et valeurs ne sont pas déterminées dans les actes ou extraits donnant lieu à la formalité, les requérants sont tenus d'y suppléer par une déclaration estimative, laquelle ne peut être inférieure à celle fournie, le cas échéant, au bureau de l'enregistrement (L. 27 juillet 1900, art. 4).

Mentions des subrogations et radiations.

Les mentions des subrogations et radiations sont soumises au droit proportionnel de 0 fr. 16 % majoré de deux décimes (avec un minimum de 0 fr. 60) payable d'avance au moment de la réquisition de la formalité, et liquidé sur la somme exprimée dans l'acte; à défaut de somme, la taxe est perçue sur la valeur du droit hypothécaire faisant l'objet de la formalité. En cas de réduction de l'hypothèque, la taxe est liquidée sur le montant de la dette ou sur la valeur de l'immeuble affranchi, si cette valeur est inférieure. Si plusieurs créanciers consentent des réductions sur le même immeuble, la perception ne peut excéder le montant de la taxe calculée sur la valeur de l'immeuble. La perception suit les sommes et valeurs de 20 fr. en 20 fr. inclusivement et sans fraction (LL. 27 juillet 1900, art. 1, 2 et 3 et 30 avril 1921, art. 5).

Si la même mention de subrogation ou radiation est requise dans plusieurs bureaux, le droit est acquitté ainsi qu'il est porté aux art. 22 et 26 de la loi du 21 ventôse an VII pour les inscriptions et les transcriptions; c'est-à-dire que le droit est acquitté en totalité au premier bureau, qui délivre autant de duplicata de la quittance qu'il en est demandé, — et que sur la représentation de la quittance, il n'est payé à chacun des autres bureaux que le salaire du conservateur (L. 27 juill. 1900, art. 6).

Les mentions et subrogations de saisies, ainsi que toutes celles qui ne sont pas expressément tarifées, — telles que les mentions de changement de domicile, de cession d'antériorité, de jugements prononçant la résolution, la nullité ou la rescision d'un acte transcrit, — ne donnent lieu à aucune perception au profit du Trésor (I. Régie, n° 3018).

En cas de réduction de l'hypothèque, la taxe est liquidée sur le montant de la dette, c'est-à-dire sur le montant de la somme garantie par l'inscription ou sur la valeur de l'immeuble affranchi si celle-ci est inférieure. Cette valeur est déterminée, le cas échéant, par la déclaration estimative des parties (Instr. de la Régie, n° 3018).

Sont *exemptes de droit* : Les transcriptions d'actes d'acquisitions, échanges et partages faits au nom de l'Etat, soit à l'amiable, soit par suite d'expropriation pour utilité publique.

SALAIRES
DU CONSERVATEUR (1).

Aux termes de l'art. 53 de la loi du 30 avril 1921, les salaires dus aux conservateurs des hypothèques à raison de l'accomplissement des formalités, sont fixes, gradués ou proportionnels. Ils ont été déterminés par le décret du 26 octobre 1921 dont les dispositions, combinées avec les textes antérieurs sur la matière, sont appliquées dans le tarif ci-après :

Salaires fixes.

25 *centimes* pour chaque duplicata de quittance de droits d'hypothèques (D. 21 sept. 1810, n° 10 du tableau ann.).

50 *centimes* pour l'enregistrement sur les deux registres et pour la reconnaissance des dépôts d'actes ou de bordereaux à transcrire, mentionner ou inscrire, conformément aux dispositions de l'article 1er de la loi du 5 janvier 1875 (Décr. 31 mars 1920, art. 2). En cas de transmission au détail ou par lots, il est alloué un salaire distinct pour chaque acquéreur et non pour chaque lot (même art.). Il est délivré un bulletin ou une reconnaissance distincte pour chaque formalité requise (art. 2200 C. civ.).

1 *franc* par rôle de l'expédition, de l'extrait ou de l'original présenté à la formalité, pour les transcriptions d'actes de mutation, lorsque le salaire proportionnel est inférieur à ce chiffre (Décr. 26 octobre 1921, art. 1er).

1 *franc* pour l'acte du conservateur contenant son refus de transcription, en cas de précédente saisie (art. 680 C. pr.). — Pour la mention des deux notifications prescrites par les art. 691 et 692 du Code de procéd. (art. 693 *id.*). — Pour la radiation de la saisie immobilière (art. 693 *id.*). — Pour la mention du jugement d'adjudication (art. 716 *id.*). — Pour la mention du jugement de conversion (art. 717 *id.* Ordonn. 10 oct. 1841; 1. 12 nov. 1841, 1651).

1 *franc* 50 par rôle d'écriture du conservateur contenant 25 lignes à la page et 18 syllabes à la ligne, pour chaque extrait d'inscription, sauf application du minimum de 2 francs par extrait (Décr. 26 octobre 1921, art. 5).

1 *franc* 50 pour chaque certificat constatant qu'il n'existe aucune inscription (Décr. 31 mars 1920, art. 5).

1 *franc* 50 pour chaque certificat de non-transcription d'un acte de

---

(1) Les conservateurs ne peuvent exiger le paiement préalable de leurs salaires pour les formalités hypothécaires relatives soit au dépôt et à la transcription des contrats et jugements ayant pour objet l'expropriation d'immeubles pour cause d'utilité publique, soit à la délivrance des états d'inscriptions ou des certificats négatifs, lorsque l'expropriation a lieu pour le compte direct de l'Etat; mais ces salaires leur sont payés ensuite sur production d'états ou de mémoires fournis par eux dans les dix premiers jours de chaque trimestre (Déc. Min. fin. 14 mars 1879; Ins. 22 mars 1879, n° 2615).

mutation (Décr. 31 mars 1920, art. 6).

1 franc 50 pour les copies collationnées des actes déposés ou transcrits dans les bureaux des hypothèques, par rôle d'écriture du Conservateur contenant 25 lignes à la page et 18 syllabes à la ligne (Décr. 31 mars 1920, art. 7).

1 franc 50 pour chaque certificat constatant le rétablissement d'une formalité dans le cas de reconstitution des archives hypothécaires détruites ou disparues au cours de la guerre (L. 10 mars 1922, art. 18).

2 francs par créancier subrogé, pour toute déclaration soit de subrogation, soit de subrogation et de changement de domicile par le même acte, lorsque le salaire gradué est inférieur à ce chiffre (Décr. 26 octobre 1921, art. 3).

1 franc par rôle pour la transcription des actes non énonciatifs de sommes ou valeurs et pour la transcription de chaque procès-verbal de saisie immobilière et de chaque exploit de dénonciation de ce procès-verbal au saisi (art. 677 et 678 Code proc., Décr. 26 octobre 1921, art. 1er).

3 francs pour chaque radiation d'inscription, lorsque le salaire proportionnel est inférieur à ce chiffre (Décr. 26 octobre 1921, art. 4).

3 francs pour la radiation de la saisie immobilière (Décr. 31 mars 1920, art. 8).

Salaires gradués.

Le tarif gradué est fixé à :

2 francs pour les sommes ou valeurs n'excédant pas 10.000 francs,

3 francs pour les sommes ou valeurs supérieures à 10.000 francs, mais n'excédant pas 50.000 francs;

4 francs pour les sommes ou valeurs supérieures à 50.000 francs, mais n'excédant pas 100.000 francs,

5 francs pour les sommes ou valeurs supérieures à 100.000 francs, mais n'excédant pas 500.000 francs,

10 francs pour les sommes ou valeurs supérieures à 500.000 francs.

Ce tarif est établi, pour les inscriptions, sur les sommes ou valeurs énoncées au bordereau (Décr. 26 octobre 1921, art. 2) et pour chaque déclaration soit de subrogation, soit de subrogation et de changement de domicile par le même acte, sur l'importance des sommes faisant l'objet de la subrogation, sauf application du tarif fixe minimum de 2 francs (Décr. 26 octobre 1921, art. 3).

Salaires proportionnels.

L'un des deux tarifs proportionnels est fixé ainsi qu'il suit :

0 *fr.* 20 p. 100 jusqu'à 50.000 francs,
0 *fr.* 10 p. 100 de 50.001 à 100.000 fr.,
0 *fr.* 05 p. 100 de 100.001 à 500.000 fr.,
0 *fr.* 02 p. 100 de 500.001 à 1.000.000 de francs.
0 *fr.* 01 p. 100 au-dessus de 1.000.000 de francs.

Ce tarif s'applique aux transcriptions d'actes de mutation et est exigible sur les sommes ou valeurs énoncées dans les actes à transcrire, sauf application du tarif fixe minimum de 1 franc par rôle de l'expédition, de l'extrait ou de l'original présenté pour recevoir la formalité (Décr. 26 octobre 1921, art. 1er).

Le tarif proportionnel est réduit de moitié pour la transcription des actes visés par l'art. 2 de la loi du 23 mars 1855 et des actes de donation contenant partage, faits entre vifs, conformément aux art. 1075 et 1076 du Code civil.

Le second tarif proportionnel est fixé ainsi qu'il suit :

0 *fr.* 05 p. 100 jusqu'à 50.000 francs,
0 *fr.* 03 p. 100 de 50.001 à 100.000 fr.,
0 *fr.* 02 p. 100 de 100.001 à 500.000 fr.,
0 *fr.* 01 p. 100 au-dessus de 500.000 fr.

Ce tarif s'applique aux radiations d'inscriptions et est exigible sur les sommes faisant l'objet de la radiation, sauf application d'un minimum de 3 francs par radiation (Décr. 26 octobre 1921, art. 4).

REMISES ET SALAIRES

DES RECEVEURS DES DOUANES EN MATIÈRE D'HYPOTHÈQUE MARITIME.

Remises. — Les droits à percevoir par les receveurs de l'administration des douanes à l'occasion des opérations effectuées ou à effectuer dans l'avenir par le service de l'inscription du privilège du Trésor sur les navires de mer se composent de remises et de salaires payables d'avance.

La remise à laquelle donne droit l'inscription d'un privilège est calculée sur le total des articles compris dans les rôles su nom d'un même contribuable et quel que soit le nombre des navires sur lesquels il est pris inscription. Toutefois dans le cas où les navires affectés à la garantie d'une même créance sont immatriculés dans des ports dépendant de recettes différentes, la remise est due au receveur de chacune des recettes.

Le taux de cette remise est calculé comme suit :

20 fr. pour les créances inférieures à 200.000 fr.

30 fr. pour les créances comprises entre 200.001 fr. et 500.000 fr.

40 fr. pour les créances comprises entre 500.001 fr. et 1 million.

50 fr. pour les créances comprises entre 1.000.001 fr. et 2 millions.

60 fr. pour les créances comprises entre 2.000.001 fr. et 4 millions.

70 fr. pour les créances comprises entre 4.000.001 fr. et 8 millions.

80 fr. pour les créances comprises entre 8.000.001 fr. et 15 millions.

90 fr. pour les créances comprises entre 15.000.001 fr. et 30 millions.

100 fr. pour les créances supérieures à 30 millions.

En cas de renouvellement des inscriptions de privilège, la remise est fixée à la moitié de la remise perçue à l'occasion de l'inscription primitive (D. 31 janvier 1925, art. 1 et 2).

Salaires. — 1 fr. pour l'inscription de chaque hypothèque requise par un seul bordereau, quel que soit le nombre des créanciers; — pour chaque inscription reportée d'office sur l'acte de francisation, sur le registre du lieu de francisation ou sur le registre du nouveau port d'attache; — pour chaque déclaration, soit de changement de domicile, soit de subrogation, soit de tous deux par le même acte; — pour chaque radiation d'inscription; — pour chaque extrait d'inscription ou pour le certificat qu'il n'en existe pas; — pour la transcription du procès-verbal de saisie.

TIMBRE

DÉCIMES. — *Les droits de timbre de toute nature, à l'exception du timbre des quittances, ont été assujettis à deux décimes supplémentaires par l'art. 2 de la loi du 23 août 1871.*

Mais par suite de l'intégration des décimes dans le principal lors des modifications de tarifs opérées au cours des dernières années, les droits de timbre se sont trouvés affranchis des décimes.

TARIF :

TIMBRE DE DIMENSION

Actes et expéditions. — Pour les actes (D. 3 août 1926, art. 2):
Demi-feuille de petit papier . 3 fr. 60
Feuille de petit papier. . . . 7 fr. 20
Id. moyen papier . . . . . . 10 fr. 80
Id. grand papier. . . . . . 14 fr. 40
Id. dimension supérieure . 21 fr. 60

Toutefois, les droits de timbre des registres de l'état civil sont fixés par le décret du 3 août à la moitié des tarifs précédents.

En outre, le prix des feuilles de moyen papier est réduit à 5 fr. 40 pour les feuilles employées à la rédaction des expéditions d'actes civils, administratifs, judiciaires et extra-judiciaires.

Ces tarifs sont nets de décimes.

Récépissés de chemins de fer. — Pour les récépissés que les compagnies de chemins de fer sont tenues de délivrer aux expéditeurs qui ne demandent pas de lettres de voiture *en grande ou en petite vitesse*, 0 fr. 50, droit de décharge compris et sans décimes (LL. 13 mai 1863, art. 10 ; 23 août 1871, art. 2, n° 2, 28 février 1872, art. 11 et 4 avril 1926, art. 30).

Pour les récépissés de colis postaux et pour les récépissés de colis agricoles, 0 fr. 50, y compris le droit de décharge (LL. 3 mars 1881, art. 5 et 26 décembre 1908, art. 10; DD. 27 octobre 1911, art. 1er et 3 août 1926, art. 7).

Pour les récépissés d'objets dont le transport doit être effectué *en petite vitesse*, le droit de timbre est fixé, y compris le droit de la décharge à 0 fr. 70, sans décimes (LL. 30 mars 1872, art. 1er et 26 décembre 1889).

Pour les récépissés délivrés pour les marchandises circulant uniquement sur les voies ferrées établies par les départements ou par les communes, le droit de timbre est fixé à 0 fr. 50, sans décimes (LL. 31 juillet 1913, art. 41 et 4 avril 1926, art. 30).

Le droit de timbre des bulletins de bagages, délivrés aux voyageurs par les administrations des voies ferrées d'intérêt local ou général est de 0 fr. 25, sans décimes (L. 22 mars 1924, art. 14).

Lettres de voiture. — Le droit de timbre applicable aux lettres de voiture et à tous autres écrits ou pièces en tenant lieu est fixé uniformément à 0 fr. 50 sans décimes, y compris le droit de la décharge donnée par le destinataire, quelle que soit la dimension du papier employé (L. 4 avril 1926, art. 30).

Connaissements. — Pour les connaissements qui doivent accompagner les transports faits par mer ou sur les fleuves dans le rayon de l'inscription maritime, l'original remis au capitaine est soumis à un droit de timbre de 14 fr. 40, réduit à 7 fr. 20, seulement pour les transports du petit cabotage entre ports français. — Les autres originaux sont timbrés gratis; mais s'il en est fait plus de quatre, chaque connaissement supplémentaire est sujet à un droit de 3 fr. 60, et ce droit se paie au moyen de timbres mobiles apposés sur l'original remis au capitaine (LL. 30 mars 1872, art. 3, 5 et 22 mars 1924, art. 11 et D. 3 août 1926). — Si l'original représenté par le capitaine ne mentionne pas en combien d'originaux il a été rédigé, il est perçu un droit triple de celui qui est fixé ci-dessus (L. 30 mars 1872. art. 5).

Pour les connaissements venant de l'étranger, ils doivent être timbrés au droit de 3 fr. 60, avant tout usage en France (LL. 30 mars 1872, art. 4 et 22 mars 1924, art. 11).

Colis postaux. — Le droit de timbre des bulletins d'expédition est de 0 fr. 50, sans décimes, pour les colis postaux de 0 à 5 kilogrammes et de 1 fr., sans décimes, pour ceux de 5 à 10 kilogrammes. Le tarif du droit de timbre afférent aux envois contre remboursement est de 0 fr. 50 sans décimes (D. 3 août 1926, art. 7).

Les colis postaux expédiés ou distribués dans l'intérieur de la même ville sont exempts de ce droit (L. 25 juillet 1881, art. 6). Les colis postaux qui ne font que transiter en France sont également exempts (L. 24 juillet 1881, art. 1er).

Chèques. — Le taux du droit de timbre afférent aux chèques est fixé uniformément à 0 fr. 20, sans addition de décimes. — Toutefois, les chèques tirés sur toute autre personne qu'un banquier, un agent de change, le caissier payeur central du Trésor public, les trésoriers généraux ou les receveurs des finances sont en outre soumis au droit de timbre de quittance (L. 22 mars 1924, art. 8).

Ces dispositions sont applicables aux chèques tirés hors de France et payables en France. Ces chèques peuvent être timbrés avant tout endossement en France avec des timbres mobiles.

Ordres de virement. — L'ordre de virement en banque, par lequel un particulier ou une collectivité donne l'ordre à un banquier de porter une somme au crédit du compte d'un tiers et de le débiter de pareille somme, est soumis à un droit de timbre de 0 fr. 20 sans addition de décimes (L. 22 mars 1924, art. 6 et 8).

Ce droit est applicable également dans le cas où l'ordre de virement est donné à un agent de change (L. 15 juillet 1914, art. 30).

Affiches sur papier ordinaire. — Feuilles de 12 décimètres carrés 1/2 et au-dessous . . . . . . 0 fr. 36
Feuilles au-dessus de 12 décim. carrés 1/2 jusqu'à 25 décim. carrés. . 0 fr. 72
Feuilles au-dessus de 25 décim. carrés jusqu'à 50 décim. carrés. . 1 fr. 08
Feuilles au-dessus de 50 décim. carrés jusqu'à 2 mètres carrés . . 1 fr. 44
Au delà de cette dimension 0 fr. 72 en plus par mètre carré ou fraction de mètre carré (LL. 8 avril 1910, art. 16; 25 juin 1920, art. 41; 22 mars 1924, art. 7 et D. 15 août 1926).

Ces droits ne sont pas majorés de décimes. Ce tarif est doublé pour les affiches contenant plus de cinq annonces distinctes.

Affiches sur papier ordinaire, imprimées ou manuscrites, apposées soit dans *un lieu couvert public*, soit dans *une voiture*, quelle qu'elle soit, servant au transport du public. — Tarif double de celui des autres affiches sur papier ordinaire (L. 30 juillet 1913, art. 11 et D. 15 août 1926).

Affiches sur papier ayant subi une préparation *quelconque en vue d'en assurer la durée*. — Tarif double de celui des affiches extérieures sur papier ordinaire (L. 8 avril 1910, art. 17).

Lorsqu'on veut employer des timbres mobiles pour l'acquittement des droits sur les affiches, ces timbres doivent être apposés avant l'affichage et oblitérés au moyen soit de l'inscription d'une ou plusieurs lignes d'impression ou d'écriture sur les timbres, soit de l'apposition d'une griffe à l'encre grasse indiquant le nom de l'imprimeur ou de l'auteur (LL. 27 juill. 1870, art. 6; 21 déc. 1873, art. 2 et 30 mars 1880, art. 2).

Affiches peintes. — Droit de 6 fr. sans décimes, par mètre carré, (LL. 8 avril 1910, art. 18, 25 juin 1920, art. 41, 22 mars 1924, art. 3 et D. 3 août 1926).

Les affiches sur papier ordinaire, celles qui ont subi une préparation et les affiches peintes sont passibles du double droit correspondant à leurs dimensions si elles contiennent plus de cinq annonces distinctes (L. 8 avril 1910, art. 19).

Affiches lumineuses. — Celles constituées par la réunion de lettres ou de signes installés spécialement sur une charpente ou sur un support sont soumises à un droit de 20 fr., plus 2 décimes, par mètre carré ou fraction de mètre carré pour la première année, et à 10 fr pour chacune des années suivantes. Le droit est double pour toute affiche contenant plus de cinq annonces distinctes. Celles obtenues soit au moyen de projections intermittentes ou successives sur un transparent ou un écran, soit au moyen de combinaisons de points lumineux susceptibles de former successivement les différentes lettres de l'alphabet dans le même espace, soit au moyen de tout procédé analogue, sont soumises à un droit mensuel de 10 fr., plus 2 décimes, par mètre carré ou fraction de mètre carré, et ce, quel que soit le nombre des annonces (LL. 8 avril 1910, art. 20. 25 juin 1920, art. 41 et 22 mars 1924, art. 3.

L'art. 68 de la loi du 13 juillet 1925 a doublé les tarifs ci-dessus, lorsque les affiches dont il s'agit sont établies dans les limites d'une commune dont la population dépasse 100.000 habitants.

Pour Paris, le droit est triplé.

En outre, les tarifs ainsi déterminés sont doublés pour toutes les affiches d'une superficie supérieure à 50 mètres carrés.

L'art. 69 de la même loi assimile, de plus, aux affiches lumineuses, pour l'application des droits :

1° Les réclames lumineses et les enseignes qui réunissent les caractères spécifiques des affiches lumineuses, tels qu'ils sont définis à l'art. 20 de la loi du 8 avril 1910;

2° Les affiches sur papier, les affiches peintes et les enseignes éclairées la nuit au moyen d'un dispositif spécial.

Enfin la loi assimile aux affiches lumineuses de la plus grande dimension les réclames faites de quelque façon que ce soit qui ne rentrent pas dans la catégorie des affiches ordinaires, faites par projections lumineuses ou non et inscriptions permanentes ou fugitives, telles que les projections ou inscriptions sur le sol, sur le ciel, etc.

Affiches dites « panneaux réclames ». — La taxe annuelle de timbre est fixée à : 1° 500 fr., plus 2 décimes, par mètre carré pour les affiches d'une dimension inférieure à 6 mètres carrés ;

2° 1.000 francs, plus 2 décimes, par mètre carré pour les affiches d'une superficie de 6 mètres carrés et de moins de 10 mètres carrés ;

3° 2.000 fr., plus 2 décimes, par mètre carré pour les affiches d'une superficie comprise entre 10 mètres carrés et 20 mètres carrés.

4° 4.000 fr., plus 2 décimes, par mètre carré pour les affiches d'une superficie supérieure à 20 mètres carrés. Ces tarifs sont doublés si l'affiche contient groupés ou non, deux annonces ; triplés, si elle contient trois annonces ; quadruplés, si elle contient quatre annonces ou plus.

Pour la liquidation du droit, toute portion du mètre carré est comptée pour un mètre carré et la taxe est due pour l'année entière sans fraction (LL. 12 juillet 1912, art. 2; 30 juin 1923, art. 26; 22 mars 1924, art. 3 et 29 avril 1926, art. 14).

Cartes d'entrée dans les salles de jeu des cercles et casinos. — Droit de timbre variant de 1 fr. 30 à 60 fr. sans décimes selon l'importance des cercles et casinos et la durée de validité de la carte (LL. 31 juillet 1920, art. 46; 22 mars 1924, art. 3 et D. 3 août 1926).

Cartes d'identité. — Droit de 6 fr., 12 fr. et 18 fr., sans décimes (LL. 29 avril 1921, art. 15; 22 mars 1924, art. 3 et D. 3 août 1926, art. 6).

Passeports. — A l'intérieur et à l'étranger : 5 fr., plus 2 décimes. Visa des passeports de Français ou protégé français : 3 fr., sans décimes (LL. 31 décembre 1917, art. 15; 27 décembre 1923, art. 33 et 22 mars 1924, art. 3, 6 et 10).

Permis de chasse. — Droit de 80 fr., plus deux décimes. Pour les permis départementaux, ce droit est réduit à 40 fr. (LL. 25 juin 1920, art. 44 et 22 mars 1924, art. 3).

TIMBRE PROPORTIONNEL

Actions et obligations dans les sociétés.

Actions (LL. 5 juin 1850, art. 14; 29 mars 1914, art. 40, 25 juin 1920, art. 48 et 4 avril 1926, art. 30), savoir :

Pour les compagnies dont la durée n'excède pas dix ans, 2 fr. p. 100 sans décimes.

Pour celles dont la durée dépasse dix ans, 4 fr. p. 100.

Pour le calcul du droit de timbre auquel sont soumis les titres et certificats d'actions, il est ajouté au capital nominal le montant de la prime d'émission, s'il en a été ou s'il en est imposé une au souscripteur (L. du 13 juillet 1925, art. 72).

A défaut de capital nominal, le droit se calcule sur le capital réel dont la valeur est déterminée d'après les règles établies par les lois sur l'enregistrement. — L'avance en est faite par la compagnie, quels que soient les statuts. — La perception du droit suit les sommes et valeurs de 20 fr. en 20 fr., inclusivement et sans fractions.

Obligations négociables (LL. 5 juin 1850, art. 27; 29 mars 1914, art. 40, 25 juin 1920, art. 48 et 4 avril 1926, art. 30), 4 fr. p. 100 sans décimes.

L'avance du droit est faite par les départements, communes, établissements publics et compagnies. La perception suit les sommes et valeurs de 20 fr. en 20 fr. inclusivement et sans fractions.

Renouvellements de titres d'actions et obligations délivrés antérieurement au 1er janvier 1851 (LL. 5 juin 1850, art. 20, 21, 30 et 23 août 1871, art. 2). 6 cent. par 100 fr., plus 2 décimes (L. du 22 mars 1924, art. 3).

Actions et obligations émises par les sociétés, compagnies ou entreprises étrangères, et les obligations des villes, provinces et corporations étrangères sont soumises au droit de 4 p. 100, sans décimes, sur la valeur nominale de chaque titre ou coupure considéré isolément sans minimum (LL. 28 déc. 1895, art. 3; 1er juillet 1914, art. 43 et 22 mars 1924, art. 3).

Avances sur titres autres que les fonds d'Etat français constatées par acte s. s. p.—Droit de 0.25 p.100, plus deux décimes, du montant de l'avance (LL. 11 septembre 1919, art. 2 et 22 mars 1924, art. 3).

Bordereaux d'opérations de Bourse, au comptant ou à terme, soumis au droit de 1 fr. p. 1.000 fr. du montant de l'opération, sans décimes.

Droit réduit à 0 fr. 0125 p. 1.000 fr. pour les opérations relatives aux rentes sur l'Etat français.

Pour les opérations de report, le droit est de 0 fr. 0062 5 p. 1000 fr. pour la rente française et de 0 fr. 50 p. 1000 fr. pour toutes les autres valeurs, françaises ou étrangères (LL. 31 déc. 1907, art. 8; 15 juillet 1914, art. 31; 22 mars 1924, art. 15; 13 juillet 1925, art. 73 et 4 avril 1926, art. 38).

Impôt sur le luxe — Une taxe de 10 p. 100, plus 2 décimes, a été établie sur les paiements des prix de vente intervenus entre non-commerçants sous quelque forme et dans quelque condition que ce soit. et, s'appliquant à des marchandises, denrées, fournitures et objets qui seront désignés, comme étant de luxe, par décret (LL. 25 juin 1920, art. 57 et 22 mars 1924, art. 2).

Intérêts des prêts hypothécaires, créances de prix de ventes, etc. (V. en tête de l'ouvrage : *Les impôts directs en 1927)*

Lettres de change, billets à ordre ou au porteur, et tous effets négociables ou de commerce :

Billets et obligations non négociables;

Délégations et tous mandats non négociables. quelles que soient leur forme et leur dénomination, servant à procurer une remise de fonds de place à place :

15 cent. p. 100 ou fraction de 100 fr. (L. 4 avril 1926, art. 34).

Dans le cas prévu par l'article 2 de la loi du 5 juin 1850. le droit de timbre est porté au triple de celui qui eût été exigible, s'il avait été régulièrement acquitté (L. 31 décembre 1920, art. 11).

Effets tirés de l'étranger sur l'étranger et circulant en France : 50 cent., sans décimes p. 2.000 fr. ou fraction de 2.000 fr. (L. 20 décembre 1872, art. 3).

Les dispositions contraires des lois antérieures sont abrogées.

Opérations d'achat ou de vente de marchandises à terme ou à livrer. — Les articles 10 et 11 de la loi du 13 juillet 1911 ont établi un droit de timbre proportionnel sur les marchés à terme ou à livrer de marchandises et denrées dont le trafic est réglementé dans les Bourses de commerce.

L'article 40 de la loi du 4 avril 1926 a fixé ce tarif à 0 fr. 15 p. 1.000 sur la somme totale des opérations d'achat et de vente.

Quittances. — Est fixé à 25 cent. quand les sommes n'excèdent pas 100 fr., à 50 cent. quand les sommes sont comprises entre 100 fr. et 1.000 fr., et à 1 fr. quand les sommes excèdent 1.000 fr. le droit de timbre des titres de quelque nature qu'ils soient, signés ou non signés, faits sous signatures privées qui constatent des paiements ou des versements de sommes quel que soit le caractère civil ou commercial du paiement ou du versement et la qualité de celui qui le reçoit ou l'effectue (L. 25 juin 1920, art. 55).

La loi du 13 juillet 1925 (art. 71) a porté le droit de timbre à 3 fr., quand les sommes sont comprises entre 10.000 fr. et 50.000 fr. Au delà, 1 fr. en sus par nouvelle fraction de 50.000 fr.

Sont frappés d'un droit de timbre-quittance uniforme de 25 centimes les reçus constatant un dépôt d'espèces effectué chez un banquier, un agent de change ou un comptable public (L. 13 juillet 1925, art. 71).

Est fixé à 25 cent. le droit de timbre des titres comportant reçu pur et simple, libération ou décharge de titres; valeurs ou objets (L. 25 juin 1920, art. 55).

Les quittances délivrées par les comptables publics sont assujetties aux mêmes droits de timbre que celles délivrées par les particuliers (L. 25 juin 1920, art. 56).

Titres de rentes, emprunts et autres effets publics des gouvernements étrangers : Droit proportionnel de 4 p. 100, sans décimes sur la valeur nominale de chaque titre ou coupure considéré isolément (LL. 4 avril 1914, art. 43; 22 mars 1924, art. 3 et 4 avril 1926, art. 30).

En ce qui concerne ceux de ces titres dont le cours moyen, pendant l'année précédente, est tombé au-dessous des trois quarts du pair, la perception est effectuée sur la valeur négociable déterminée par ce cours moyen (L. 1er juillet 1914, art. 43).

Les titres de fonds d'Etat doivent être considérés comme régulièrement timbrés non seulement lorsqu'ils ont été soumis au droit de 4 p. 100 prévu par les textes précités, mais encore lorsqu'ils ont été assujettis au tarif de 0 fr. 50 p. 100 édicté par l'art. 3 de la loi du 28 décembre 1895 (L. 13 avril 1898, art. 13) ou à celui de 1 p. 100 établi par l'art. 13 de la loi du 13 avril 1898 (L. 30 janvier 1907, art. 8); et il en est, bien entendu, de même de ceux qui ont été timbrés au droit de 2 p. 100 prévu par l'art. 8 de la loi du 30 janvier 1907 ou à celui de 3 p. 100 fixé par l'art. 13 de la loi du 30 juillet 1913. Par conséquent, les titres étrangers insuffisamment timbrés sont exclusivement les fonds d'Etat qui n'ont supporté qu'un droit de timbre inférieur à 0 fr. 50 p. 100. (J. N. 31503.)

Les titres déjà timbrés au tarif antérieur à la loi du 28 décembre 1895 sont passibles du nouveau tarif de 4 p. 100, imputation faite toutefois de l'impôt déjà payé (L. 4 avril 1926, art. 30).

Pour **CONSULTATIONS** en matière d'Enregistrement, **RÉDACTION DE MÉMOIRES, RÉCLAMATIONS,** s'adresser à l'Administration du *Journal des Notaires,* rue de Mézières, 6, à Paris.

PÉNALITÉS FISCALES

CONCERNANT L'ENREGISTREMENT, LE NOTARIAT, LES SUCCESSIONS ET LE TIMBRE

SOMMAIRE :

CHAPITRE Ier

ENREGISTREMENT ET NOTARIAT (1).

Section I. — PÉNALITÉS ENCOURUES PAR LES OFFICIERS PUBLICS ET MINISTÉRIELS ET LES FONCTIONNAIRES PUBLICS.

§ 1er. — Retard ou défaut d'enregistrement des actes.

Actes notariés : 10 fr. en principal s'il s'agit d'un acte sujet au droit fixe, ou une somme égale au montant du droit, s'il s'agit d'un acte soumis au droit proportionnel, sans que, dans ce dernier cas, la peine puisse être au-dessous de 10 fr. (L. 22 frimaire an 7, art. 33).

Le retard dans l'enregistrement des protêts rédigés par les notaires entraîne l'exigibilité d'une amende de 5 fr. en principal seulement (Instr. Régie, n° 1634, § 12).

Le défaut d'enregistrement d'un acte à enregistrer gratis ne donne lieu à aucune pénalité.

Actes des huissiers : 5 fr. en principal en plus d'une somme équivalente au montant du droit de l'acte non enregistré (L. 22 frimaire an 7, art. 34).

L'exploit non enregistré dans le délai est nul.

Ces sanctions ne s'étendent pas aux procès-verbaux de ventes de meubles et autres objets mobiliers, ni à tout autre acte du ministère des huissiers sujet au droit proportionnel. La peine, pour ceux-ci, est d'une somme égale au montant du droit, sans qu'elle puisse être au-dessous de 10 fr.

Actes judiciaires : Un droit en sus (L. 22 frimaire an 7, art. 35). Pour les jugements rendus à l'audience lorsque les droits n'ont pas été consignés aux mains du greffier avant l'expiration du délai, le droit en sus incombe aux parties à la condition que le greffier fournisse au receveur, dans les dix jours de l'expiration du délai, un extrait certifié du jugement. Si le greffier ne se conforme pas à cette obligation, il reste passible du droit en sus, et il est tenu, en outre, d'une amende spéciale de 10 fr. en principal (LL. 22 frimaire an 7, art. 37 et 16 juin 1824, art. 10).

Actes administratifs : Un droit en sus (L. 22 frimaire an 7, art. 36). Lorsque les droits ont été consignés entre les mains des secrétaires des administrations centrales et municipales, le droit en sus est à la charge de ces derniers.

§ 2. — Usage d'actes non enregistrés.

Actes en conséquence d'actes publics : 10 fr. en principal, outre le paiement du droit (LL. du 22 frimaire an 7, art. 41 et du 16 juin 1824, art. 10).

Actes passés en conséquence d'un acte sous seing privé ou passés en pays étranger : Les officiers publics contrevenants sont tenus au paiement d'une amende de 10 fr. en principal et responsables personnellement des droits et amendes exigibles sur l'acte dont ils ont fait usage (LL. 22 frimaire an 7, art. 42; 28 avril 1816, art. 58 et 16 juin 1824, art. 10).

Actes de dépôt : Il est interdit aux notaires et aux greffiers, sous peine d'une amende de 10 fr. en principal, de recevoir aucun acte en dépôt sans dresser acte du dépôt. Exception est faite pour les testaments déposés chez les notaires par les testateurs (LL. 22 frimaire an 7, art. 43 et 16 juin 1824, art. 10).

Défaut de mention de la quittance des droits : 5 fr. en principal (LL. 22 frimaire an 7, art. 44 et 16 juin 1824, art. 10).

§ 3. — Contraventions à la tenue du répertoire.

Inscription jour par jour. Omissions : 5 fr. en principal pour chaque omission (LL. 22 frimaire an 7, art. 49 et 16 juin 1824, art. 10). L'inscription tardive d'un acte, les intercalations d'actes donnent lieu aux mêmes pénalités que les omissions.

Défaut de présentation au visa trimestriel : 10 fr. en principal, quelle que soit la durée du retard (LL. 22 frimaire an 7, art. 51 et 16 juin 1824, art. 10).

Défaut de dépôt au greffe du double du répertoire : 10 fr. en principa (L. 16 juin 1824, art. 10).

Défaut de tenue des répertoires spéciaux des huissiers audienciers et des greffiers : 10 fr. en principal (L. 26 janvier 1892, art. 19).

Omission ou intercalation d'actes audit répertoire, défaut de visa : 10 fr. en principal.

§ 4. — Ventes publiques de meubles.

Déclaration. Défaut d'annexe au procès-verbal de vente : 100 fr. en principal (L. 16 juin 1921, art. 9).

§ 5. — Mesures métriques.

Emploi de dénominations autres que les mesures légales : 20 fr. en principal pour les officiers publics et 10 fr. pour les autres contrevenants (L. 4 juillet 1837, art. 5).

§ 6. — Autres obligations imposées aux officiers publics et ministériels.

Notaires. — Abréviation, blanc, lacune, intervalle et défaut d'autres formalités prescrites aux notaires : 20 fr. en principal (LL. 25 ventôse

---

(1) Observation générale : L'art. 110 de la loi du 25 juin 1920 ajoute 2 décimes et demi au principal de toutes les pénalités fiscales, qu'elles soient ou non assujetties aux décimes par les lois en vigueur. En conséquence, les amendes fiscales déjà sujettes aux décimes supportent, depuis la loi du 25 juin 1920, 5 décimes, et celles qui n'en comportent pas, l'addition de 2 décimes et demi. Ces pénalités ont encore été majorées de deux décimes par l'art. 3 de la loi du 22 mars 1924; mais tandis que les décimes établis par les lois antérieures étaient calculés sur le principal des pénalités, les nouveaux décimes doivent être liquidés sur le montant cumulé du principal et des décimes.

L'art. 112 de la loi du 25 juin 1920 punit, d'autre part, de peines correctionnelles, et, accessoirement, de la peine de privation des droits civiques énumérés à l'art. 42 C. pén., les infractions aux lois fiscales commises avec intention de fraude.

an 11, art. 13 et 13 juin 1824, art. 10).

Omission du nom et du lieu de la résidence du notaire : 20 fr. en principal (LL. 25 ventôse an 11, art. 12 et 16 juin 1824, art. 10).

Emploi de clauses et d'expressions féodales : 20 fr. en principal (LL. 25 ventôse an 11, art. 23 et 16 juin 1824, art. 10).

Défaut de dépôt d'extraits de contrat de mariage des commerçants : 20 fr. (L. 16 juin 1824, art. 10).

Défaut de lecture des art. 12 et 13 de la loi du 23 août 1871, de l'art. 7 de la loi du 27 février 1912, de mention de cette lecture, d'affirmation de sincérité du prix ou de la soulte dans les actes de vente d'immeubles, de cession de fonds de commerce, d'échange et de partage des mêmes biens : 10 fr. en principal (LL. 23 août 1871, art. 13 et 27 février 1912, art. 7).

Défaut de lecture et de mention de lecture dans les mêmes actes des art. 7 et 8 de la loi du 18 avril 1918 et de l'art. 366 du C. pénal : 100 fr. en principal (L. 18 avril 1918, art. 10).

Défaut de mention de lecture dans les actes d'obligation des art. 38 et 40 de la loi du 31 juillet 1917, 50, alinéa 1er et 52, alinéa 1er de la loi du 25 juin 1920 : 100 fr. (L. 31 décembre 1921, art. 25).

Défaut de mention de lecture dans les contrats de mariage des art. 1391 et 1394 C. civ. : 10 fr. (L. 10 juillet 1850, art. 1).

Défaut de mention de la désignation cadastrale des biens, pour les communes où le cadastre a été revisé : 25 fr. (L. 17 mars 1898, art. 9).

Défaut d'avis au Directeur départemental de l'enregistrement, de l'ouverture d'un coffre-fort : 100 à 10.000 fr. en principal (LL. 18 avril 1918, art. 3 et 30 juin 1923, art. 16).

Le notaire qui dresse un inventaire après décès est tenu, avant la clôture, d'affirmer qu'au cours des opérations il n'a constaté l'existence d'aucune valeur ou créance autres que celles portées dans l'acte, ni d'aucun compte de banque étrangère, et qu'il n'a d.couvert aucune trace de l'existence à l'étranger, soit d'un compte individuel de dépôt de fonds ou de titres, soit d'un compte indivis ou collectif avec solidarité.

L'officier public qui aura sciemment contrevenu aux dispositions qui précèdent ou souscrit une affirmation incomplète ou inexacte sera passible, sans préjudice des sanctions disciplinaires, d'une amende, en principal, de 1.000 à 20.000 fr. (L. 13 juillet 1925, art. 48).

Dans les inventaires et dans les actes de notoriété destinés à établir les qualités des ayants droit à une succession, mention devra être faite de l'obligation qui incombe à ceux-ci d'obtenir l'envoi en possession spécial prévu à l'art. 52 de la loi du 13 juillet 1925 (biens existant à l'étranger). Il ne pourra être délivré aucun extrait desdits actes sans que cette mention y soit reproduite. Tout officier public ou ministériel qui aura contrevenu aux dispositions ci-dessus sera passible d'une amende de 500 fr. en principal (L. 13 juillet 1925, art. 55).

V. aussi *infra*, DISSIMULATIONS DE PRIX.

Huissiers et autres officiers ministériels — Défaut de mention du coût des exploits : 5 fr. en principal (art. 67 C. proc. civ.).

Défaut de visa des conclusions : 10 fr. en principal (L. 26 janvier 1892, art. 18).

Etat de frais. Défaut de mention du montant des droits payés au Trésor : 10 fr. en principal (L. 26 janvier 1892, art. 21).

Amendes d'appel. Défaut de consignation : 50 fr. en principal, à la charge de l'avoué qui n'a pas consigné l'amende (L. 16 juin 1824, art. 10).

Délivrance par un greffier d'un extrait ou d'une expédition de la décision rendue sur l'appel, malgré le défaut de consignation : 50 fr. en principal (L. 16 juin 1824, art. 10).

Mentions cadastrales. Omission ou inexactitude des désignations prévues par l'art. 9 de la loi du 17 mars 1898 : 25 fr. en principal.

Défaut de mention de la quittance des droits par le receveur de l'Enregistrement : 5 fr. en principal (LL. 22 frimaire an 7, art. 54 et 16 juin 1824, art. 10).

Section II. — PÉNALITÉS ENCOURUES PAR LES PARTICULIERS.

§ 1er. — Peines pour retard ou défaut d'enregistrement

Actes sous seing privé et actes passés à l'étranger : Double droit d'enregistrement (L. 22 frimaire an 7, art. 38), avec minimum de 50 fr. en principal (LL. 23 août 1871, art. 14; 28 février 1872, art. 8 et 29 juin 1918, art. 12).

Les mutations verbales de propriété ou d'usufruit de biens immeubles susceptibles de déclarations et les mutations de propriétés de fonds de commerce, non déclarées dans les délais prescrits, sont passibles de la même pénalité. Il est dû un droit en sus distinct par le bailleur et par le preneur, ainsi que par l'ancien et le nouveau possesseur. Toutefois, les mutations verbales de jouissance d'immeubles n'entraînent qu'un seul droit en sus, à la charge du bailleur.

Les cessions verbales d'un droit à un bail ou du bénéfice d'une promesse de bail portant sur tout ou partie d'un immeuble, non déclarées dans le délai de trois mois de l'entrée en jouissance, entraînent, contre l'ancien et le nouveau locataire, l'exigibilité d'un droit en sus qui ne peut être inférieur à 100 fr. en principal (L. 13 juillet 1925, (art. 35).

Le droit en sus est de 50 fr. sans décimes, lorsque le tarif des droits simples ne comporte pas de décimes. Location de chasse et de pêche. Défaut d'enregistrement des baux écrits ou de déclaration des baux verbaux : Un droit en sus avec minimum de 100 fr. en principal à la charge du preneur.

Même pénalité à la charge du bailleur, au cas de bail sous seing privé écrit (L. 31 juillet 1920, art. 19).

Les mutations verbales à titre onéreux de navires dont la jauge nette est supérieure à 100 tonnes, non déclarées dans les délais, donnent lieu à la perception de deux droits en sus à la charge du nouveau possesseur (L. 22 mars 1924, art. 28).

§ 2. — Insuffisances et dissimulations.

Art. 1er. — *Insuffisances mobilières autres que celles concernant les fonds de commerce et les navires.*

Transmissions d'offices à titre gratuit : Un droit en sus de celui qui est dû sur la différence du prix ou de l'évaluation (L. 25 juin 1841, art. 11).

Droit de transmission : Un droit en sus du droit afférent à l'insuffisance (L. 23 juin 1857, art. 10).

Autres insuffisances mobilières. Elles ne donnent lieu qu'à la perception d'un supplément de droit simple, sans pénalité (L. 27 février 1912, art. 4).

Art. 2. — *Insuffisance d'évaluation des immeubles, des fonds de commerce et des navires.*

Les insuffisances constatées dans les actes et déclarations de toutes natures sont soumises, au point de vue des sanctions, à un régime uniforme (L. 13 juillet 1925, art. 60).

Lorsque l'insuffisance est inférieure au huitième du prix exprimé ou de la valeur déclarée, aucune pénalité n'est exigible.

Au contraire, quand l'insuffisance est égale ou supérieure au huitième, les parties sont tenues solidairement d'une pénalité dont le montant varie selon que l'insuffisance est ou non reconnue amiablement avant le dépôt au greffe du rapport de l'expert.

Dans le premier cas, la pénalité est d'un droit en sus. C'est également cette pénalité qui doit être réclamée lorsque l'insuffisance est reconnue amiablement avant que la procédure d'expertise ne soit commencée, si, d'ailleurs, l'insuffisance reconnue est égale ou supérieure au huitième du prix ou de la valeur déclarée.

Dans la seconde hypothèse, la pénalité est d'un double droit en sus.

Art. 3. — *Dissimulation de prix.*

1. Contre-lettres. Sont nulles les contre-lettres ayant pour objet une augmentation du prix stipulée dans le traité de cession d'un office ministériel, et toute convention qui a pour but de dissimuler partie du prix d'une vente d'immeubles ou d'une cession de fonds de commerce ou de clientèle, et tout ou partie de la soulte d'un échange ou d'un partage comprenant des biens immeubles, un fonds de commerce ou une clientèle (L. 22 février 1912, art. 7).

2. Ventes d'immeubles ou de fonds de commerce. Cessions d'offices

ministériels. Soultes d'échange ou de partage : Sanction fiscale, une amende égale au quart de la somme dissimulée (LL. 23 août 1871, art. 12; 28 février 1872, art. 8, § 3 et 27 février 1912, art. 6 et 7, §§ 2 et 3).

3. Complicité dans des manœuvres destinées à éluder le paiement de l'impôt : Amende égale au double de la somme dont le Trésor a été frustré, avec minimum de 1.000 fr. en principal (L. 27 février 1912, art. 7, § 5), indépendamment des sanctions disciplinaires qui peuvent être prises contre les officiers publics ou ministériels.

Au cas de récidive : Destitution sans préjudice des peines portées à l'art. 366 C. pén. (L. 18 avril 1918, art. 14).

4. Actes soumis au droit proportionnel réduit : Double droit en sus, avec minimum de 50 fr. en principal (L. du 27 février 1912, art. 4).

5. Les dissimulations de prix en matière de vente de navire sont soumises aux dispositions des art. 12 et 13 de la loi du 23 août 1871, 7 de celle du 27 février 1912, 7, 8, 9, 10 et 14 de celle du 18 avril 1918 (L. 22 mars 1924, art. 28).

§ 3. — Autres contraventions commises par les particuliers.

Ventes publiques de meubles sans le ministère d'un officier public : 50 fr. à 1.000 fr. (L. 22 pluviôse an 7, art. 7.)

Mesures métriques. Emploi d'anciennes dénominations dans les actes sous seing privé, les registres de commerce et autres écritures privées produits en justice : 10 fr. en principal (L. 4 juillet 1837, art. 5).

Mentions cadastrales. Omissions ou inexactitudes des désignations prévues par l'art. 9 de la loi du 17 mars 1898 : 25 fr. en principal.

Marchands de biens et intermédiaires : Défaut de déclaration d'existence ou de tenue des répertoires prévus par l'art. 39 de la loi du 13 juillet 1925, amende de 1.000 à 10.000 fr.

Défaut d'enregistrement des actes se rattachant à l'exercice de la profession : droit en sus, avec minimum de 50 fr. en principal.

§ 4. — Assurances.

Déclaration d'existence (Défaut de). — Assurances maritimes : 1.000 fr. en principal (L. 5 juin 1850, art. 43).

Autres assurances : 1.000 fr. en principal (L. 5 juin 1850, art. 34).

Tenue du répertoire (Défaut de ou irrégularités dans la) : 10 fr. en principal (LL. 5 juin 1850, art. 36 et 46 et 23 août 1871, art. 7).

Contraventions à la tenue du livre imposé aux courtiers d'assurances maritimes et aux notaires : 50 fr. (L. 5 juin 1850, art. 47).

Autres contraventions en matière d'assurances maritimes et contre l'incendie : 50 fr. (L. 23 août 1871, art. 10).

Contraventions en matière de percep- tion de la taxe de 6 fr. par million : 100 fr. à 1.000 fr. (L. 13 avril 1898, art. 18).

Contrats d'assurances passés à l'étranger : Défaut d'enregistrement avant usage en France : Un droit en sus qui ne peut être inférieur à 50 fr. (L. 23 août 1871, art. 8).

Assurances sur la vie, contre les risques corporels et contre les accidents ou risques matériels. Contraventions à la loi du 16 juin 1918 commises par les assureurs : 100 fr. à 5.000 fr. (L. 29 juin 1918, art. 16). — Contrats passés à l'étranger. — Défaut de déclaration : 500 fr. sans décimes (L. 29 juin 1918, art. 18).

Autres contraventions à la loi du 29 juin 1918 : 50 fr. sans décimes (L. 29 juin 1918, art. 18).

§ 5. — Droit de transmission.

Contraventions à la loi du 23 juin 1857 (Défaut de déclaration d'existence, d'émission nouvelle, de changement de siège; Retard dans le paiement des droits ou le dépôt des états et relevés prescrits) : 100 fr. à 5.000 fr. (L. 23 juin 1857, art. 10).

Contraventions aux dispositions de l'art. 19 de la loi du 30 juin 1923 interdisant aux collectivités françaises de prendre à leur charge la taxe annuelle de transmission ainsi que le droit de conversion du nominatif au porteur : 10.000 à 100.000 fr. (L. 30 juin 1923, art. 19). Omission ou insuffisance de déclaration. (V. *supra*, § 2.)

Sociétés civiles : Contraventions à l'art. 62 de la loi du 13 juillet 1925 qui oblige les sociétés civiles constituées conformément aux art. 1832 et suivants du Code civil à faire une déclaration d'existence au bureau de l'Enregistrement du lieu où elles ont le siège de leur principal établissement : amende de 100 à 5.000 fr. en principal, sans préjudice d'une pénalité de 10 p. 100 en principal du montant des apports omis ou insuffisamment évalués dans la déclaration (L. 13 juillet 1925, art. 63).

Sociétés étrangères : Défaut de constitution d'un représentant responsable ou d'un cautionnement : 5 p. 100 de la valeur nominale des titres ayant fait l'objet d'opérations en France, avec minimum de 50 fr. en principal (LL. 25 juin 1872, art. 3 et 13 avril 1898, art. 12) indépendamment de l'amende de 100 à 5.000 fr. édictée par les art. 10 de la loi du 23 juin 1857 et 5 de la loi du 29 juin 1872.

Défaut de dépôt d'un exemplaire des statuts : 100 à 5.000 fr. en principal (L. 13 avril 1898, art. 12).

Publicité des émissions financières : 10.000 à 20.000 fr. (L. 30 janvier 1907, art. 3).

§ 6. — Droit de communication.

Dépôts publics : Refus de communication aux préposés de l'enregistrement des répertoires et actes dont les notaires, greffiers, etc., sont dépositaires : 10 fr. en principal (L. 16 juin 1824, art. 10).

Droit de communication accordé aux employés supérieurs des administrations financières chez les commerçants faisant un chiffre d'affaires supérieur à 50.000 fr. par an. Refus : 1.000 à 10.000 fr. en principal, avec astreinte de 100 fr. au minimum par jour de retard (L. 31 juillet 1920, art. 32).

Sociétés, Compagnies d'assurances, Entreprises et autres assujettis : Refus de communication de leurs livres, registres, titres, pièces de recette, de dépense et de comptabilité : 1.000 à 10.000 fr. en principal, avec astreinte de 100 fr. au minimum par jour de retard (L. 17 avril 1906, art. 5).

Marchands de biens et intermédiaires : Refus de communication : mêmes pénalités que pour les sociétés.

§ 7. — Répertoire des opérations de change.

Défaut de déclaration d'existence, de tenue ou de communication du registre prescrit par la loi du 1er août 1917 et toutes autres contraventions à ladite loi et aux arrêtés ministériels rendus pour son exécution : 100 à 1.000 fr. (LL. 1er août 1917, art. 5 et 28 février 1921, art. 14).

CHAPITRE II

SUCCESSIONS

Affirmations frauduleuses : Peines correctionnelles de l'article 366 du Code pénal (1 an à 5 ans de prison; amende de 100 à 3.000 fr.; privation des droits civiques, civils et de famille pendant 5 ans au moins et 10 ans au plus); applicables également aux complices (art. 59 et 60 du Code pénal), et sauf réduction par suite de circonstances atténuantes (art. 463 du Code pénal). (L. 18 avril 1918, art. 8.)

Assurances sur la vie. Obligations des Compagnies :

Paiement à des bénéficiaires autres que le conjoint survivant ou les successibles en ligne directe sans présentation d'un certificat de paiement des droits de mutation par décès;

Paiement ou remises de titres à des héritiers, donataires légataires, ayant à l'étranger leur domicile de fait et de droit, même s'il s'agit du conjoint survivant ou d'un successible en ligne directe, sans présentation du certificat de paiement des droits de mutation par décès : Droits et pénalités de mutations par décès à la charge de la Compagnie contrevenante, sauf recours contre le redevable et amende de 500 fr. en principal, plus 5 décimes = 750 fr. (LL. 25 février 1901, art. 15 et 30 décembre 1903, art. 3).

Dispositions spéciales pour le transfert et la mutation des créances ou des titres de créances d'indemnités de dommages de guerre (L. 12 juillet 1922, art. 4).

Biens existant à l'étranger : Aux termes de l'art. 53 de la loi du 13 juillet 1925, les héritiers, donataires ou légataires, qui n'auront pas déclaré, dans les délais prescrits par les lois en vigueur, les biens mobiliers ou immobiliers existant à l'étranger, et qui en auront pris possession sans en avoir demandé l'envoi en possession spécial sont passibles d'une amende égale (décimes compris) à la moitié du montant de l'avoir dissimulé, outre l'affichage du nom du contrevenant et des motifs de la contravention à la porte de la mairie de leur domicile.

Les mêmes sanctions sont applicables aux débiteurs, détenteurs ou dépositaires, à quelque titre que ce soit, des valeurs successorales déposées ou existant à l'étranger, s'ils en ont fait la remise aux héritiers, donataires ou légataires avant que l'envoi en possession ait été prononcé (L. 13 juillet 1925, art. 54).

Coffres-forts en location, plis cachetés et cassettes en dépôt :

Défaut de communication des répertoires et registres : Amende de 100 à 5.000 fr. en principal, plus 5 décimes = 150 à 7.500 fr., et condamnation à la représentation de ces documents sous une astreinte de 100 fr. au minimum (sans décimes) par chaque jour de retard (LL. 17 avril 1906, art. 5 et 15 avril 1918, art. 4, 5 et 6).

Défaut d'exécution des obligations imposées aux bailleurs et dépositaires (déclaration, répertoire, registre) : Amende de 100 à 5.000 fr. en principal, plus 5 décimes = 150 à 7.500 fr. (L. 18 avril 1918, art. 4 et 5).

Inobservation des règles légales, à l'ouverture des coffres-forts, plis cachetés et cassettes en dépôt : Droits et pénalités de mutation par décès, sauf recours contre le redevable et amende de 100 à 10.000 fr. en principal, plus 5 décimes = 150 à 15.000 fr. (LL. 18 avril 1918, art. 3 et 6 et 30 juin 1923, art. 16)

Communication (Refus de) :

Administrations publiques. Titres de l'état civil. Officiers publics. Dépositaires d'archives et de titres publics : Amende de 10 fr. en principal, plus 5 décimes = 15 fr.

Assureurs. Entrepreneurs de transports. Sociétés. Assujettis aux vérifications de l'Administration de l'Enregistrement (livres de commerce, documents de comptabilité) : Amende de 1.000 à 10.000 fr. en principal, plus 5 décimes = 1.500 à 15.000 fr., et condamnation à représenter les documents sous une astreinte de 100 fr. au minimum (sans décimes) par jour de retard (L. 17 avril 1906, art. 5).

Commerçants faisant un chiffre d'affaires supérieur à 50.000 fr. (li-

vres de commerce, pièces et documents annexes) : Mêmes sanctions (L. 31 juillet 1920, art. 32).

Comptes indivis ou collectifs avec solidarité :

Défaut d'avis d'ouverture dans les trois mois. Défaut d'envoi au directeur de l'Enregistrement de la liste des titres, sommes ou valeurs dans les quinze jours de la notification du décès : Amende de 500 à 5.000 fr., en principal, plus 5 décimes = 750 à 7.500 fr. (L. 31 mars 1903, art. 7).

Degré de parenté. Indication inexacte : Double droit en sus, plus 5 décimes (L. 18 avril 1918, art. 13).

Dépositaires, débiteurs ou détenteurs de titres, sommes ou valeurs :

Défaut d'envoi de la liste au directeur de l'Enregistrement, soit avant le paiement, la remise ou le transfert, soit dans la quinzaine qui suit ces opérations : Droits et pénalités de mutation par décès, sauf recours contre le redevable, et amende de 500 fr. en principal, plus 5 décimes = 750 fr. (LL. 25 février 1901, art. 15 et 30 décembre 1903, art. 3).

Fraudes. Manœuvres pour se soustraire au paiement des droits : Amende de 1.000 à 5.000 fr. en principal, plus 5 décimes = 1.500 à 7.500 fr. En cas de récidive dans un délai de cinq ans : Peines correctionnelles : un an à cinq ans de prison, privation pendant cinq ans au moins, dix ans au plus, des droits civiques, publication et affichage du jugement aux frais du condamné, avec limitation des frais à 5.000 fr. Application de l'art. 7 de la loi du 1er août 1905 sur la répression des fraudes dans les ventes de marchandises et des falsifications de denrées alimentaires et des produits agricoles, le tout sauf réduction par suite de circonstances atténuantes (art. 463 C. pén.) [L. 25 juin 1920, art. 112].

Indemnités de dommages de guerre : (voir supra : ASSURANCES SUR LA VIE).

Insuffisance à évaluation de fonds de commerce : Droit simple sur la plus-value constatée et, si l'insuffisance est égale ou supérieure à 1/8. droit en sus plus 2 décimes 1/2, outre les frais de l'expertise, s'il y a lieu (LL. 18 février 1872, art. 8 ; 25 février 1901, art. 11 ; 27 février 1912, art. 5 et 13 juillet 1925, art. 60).

— *d'office ministériel* : Droit en sus plus 2 décimes 1/2, mais seulement si l'insuffisance est égale ou supérieure à 1/10. (LL. 25 juin 1841, art. 11 et 5 août 1910, art. 12).

— *immobilière* :

Egale ou inférieure à 1/8 : droit simple seulement sur le supplément d'estimation.

Supérieure à 1/8 : frais d'expertise et double droit en sus (L. 18 juillet 1925, art. 60).

Si l'insuffisance est reconnue volontairement avant le dépôt, au greffe du tribunal, du rapport de l'expert : droit en sus (L. 13 juillet 1925, art. 60).

— *mobilière* : Un droit en sus passible de 2 décimes 1/2, mais seulement si l'insuffisance résulte d'un acte antérieur à la déclaration et si elle est égale ou supérieure à 1/10 (LL. 15 février 1901, art. 11 et 5 avril 1910, art. 12).

Insuffisance d'évaluation frauduleuse : Double droit en sus, passible de 2 décimes 1/2 et ne pouvant faire l'objet d'aucune remise ni modération (L. 8 avril 1910, art. 12).

Nombre d'enfants du défunt ou du successible. Indication inexacte : Double droit en sus, passible de 2 décimes 1/2 (L. 15 avril 1918, art. 13).

Omission : Droit en sus, passible de 2 décimes 1/2 (L. 8 avril 1910, art. 12).

— *d'espèces ou de titres au porteur* : Même pénalité, mais ne pouvant faire l'objet d'aucune remise ni modération (mêmes loi et article).

— *Frauduleuse* : Comme insuffisance d'évaluation frauduleuse.

Passif, déduction :

Déclaration inexacte par le débiteur ou fausse attestation du créancier : Amende égale ou triple du supplément de droit exigible et passible de 2 décimes 1/2 sans qu'elle puisse être inférieure à 625 fr., décimes compris.

Le créancier qui a faussement attesté l'existence de la dette est tenu solidairement avec le déclarant au paiement de l'amende et en supporte définitivement le tiers (L. 25 février 1901, art. 9).

Dettes commerciales. Défaut de production exigée par l'Administration des livres de commerce du défunt : Rejet de la dette et amende passible de 2 décimes 1/2, égale en principal, aux droits non perçus par suite de la déduction du passif (L. 25 février 1901, art. 3).

Relevés trimestriels des actes de décès. Défaut d'envoi par les maires à l'Administration : Amende de 10 fr. en principal, plus 5 décimes = 15 fr.

Successions non déclarées dans le délai légal : Amende de 1 1/2 p. 100 par mois ou fraction de mois de retard, du droit dû pour la mutation, sauf pour le premier mois où elle est réduite à 0,50 p. 100 et pour chacun des cinq mois suivants où elle n'est que de 1 p. 100.

Cette amende ne peut excéder en totalité la moitié du droit simple.

Elle est passible de 2 décimes 1/2 (LL. 22 frim. an 7, art. 39 et 8 août 1910, art. 12).

Transferts ou conversions d'inscriptions de rentes sur l'Etat ou de titres nominatifs :

Défaut de production d'un certificat de paiement des droits de mutation par décès : Droits et pénalités de mutation par décès à la charge du contrevenant, sauf recours contre le redevable et, en outre, amende de 500 fr. en principal plus 5 décimes = 750 fr. (LL. 25 février 1901, art. 15 et 30 décembre 1903, art. 3).

Usufruit. Indication inexacte de la date ou du lieu de naissance de l'usufruitier : Un droit en sus, passible de 2 décimes 1/2. Le droit de mutation le plus élevé devient exigible si l'inexactitude porte sur le lieu de naissance, sauf restitution si la date de naissance est reconnue exacte (L. 25 février 1901, art. 14).

CHAPITRE III

TIMBRE (1).

Acte écrit ou expédié à la suite d'un autre *même non achevé sur la même feuille de papier timbré.*
Particuliers : Amende de 5 fr. en principal, plus 8 décimes = 9 fr.
Officiers et fonctionnaires publics : Amende de 20 fr. en principal, plus 5 décimes = 30 fr., sans préjudice du droit de timbre (LL. 13 brumaire an 7, art. 26 et 16 juin 1824, art. 10).

Acte sur papier non timbré
Acte public : Amende de 20 fr. en principal, plus 8 décimes = 36 fr.
Acte sous seing privé : Amende de 50 fr. en principal, plus 8 décimes = 90 fr. sans préjudice du droit de timbre (LL. 13 brumaire an 7, art. 26 ; 16 juin 1824, art. 10 et 2 juillet 1862, art. 22).

Affiches sur papier ordinaire, imprimées ou manuscrites, ou apposées dans un lieu couvert public ou dans une voiture servant au transport du public
— *Non timbrées ou dont les timbres mobiles ont été irrégulièrement apposés ou ont déjà servi* : Amende de 5 fr. en principal, plus 8 décimes = 9 fr. par chaque exemplaire non timbré à la charge solidairement des auteurs et imprimeurs, sauf pour l'imprimeur quand la contravention est le fait de l'auteur de l'affiche (LL. 9 vendémiaire an 6, art. 61 ; 27 juillet 1870, art. 6 ; 30 mars 1880, art. 2 ; 28 décembre 1895, art. 10 ; 8 avril 1910, art. 16 et 25 juin 1920, art. 41), peines de simple police de l'art. 474 du C. pén. contre les afficheurs (L. 28 décembre 1895, art. 11). L'afficheur est seul tenu des amendes lorsqu'il s'agit de calendriers-réclames apposés dans un lieu couvert public (L. 15 juillet 1914, art. 33)
— *Ayant subi une préparation quelconque et non timbrées ou non déclarées* : Amende de 10 fr. en principal, plus 8 décimes = 18 fr. par affiche (L. 8 avril 1910, art. 17).
— *Peintes non déclarées ou pour lesquelles toutes les formalités prescrites par le décret du 18 février 1891 n'ont pas été accomplies* : Amende de 100 fr. en principal, plus 8 décimes = 180 fr. (entrepreneur d'affichage et personne dans l'intérêt de laquelle l'affiche a été apposée, solidairement redevables de l'amende) (L. 26 décembre 1890, art. 8 et 9).

— *Lumineuses non déclarées ou pour lesquelles toutes les formalités prescrites par le décret du 8 février 1911 et la loi du 25 juin 1920, art. 42, n'ont pas été accomplies* : Amende de 1000 fr. en principal par annonce, plus 8 décimes = 1800 fr. (LL. 8 avril 1910, art. 23 et 13 juillet 1925, art. 70).
— *Panneaux-réclames.*
1° Non timbrés :
Droit en sus, passible de cinq décimes et égal, en principal, au montant de la taxe annuelle exigible, sans qu'il puisse être inférieur à 750 fr., décimes compris.
2° Pour lesquels toutes les formalités prescrites par le décret du 22 août 1912 n'ont pas été accomplies : Amendes de 500 fr. en principal, plus 5 décimes = 750 fr. (auteurs des affiches et propriétaires des immeubles sur lesquels elles se trouvent placées, redevables solidairement) (L. 12 juillet 1912, art. 5 et 9).

Altération des papiers timbrés et timbres mobiles.
1° *Dans une intention frauduleuse* : Peines correctionnelles et amende de 50 à 1.000 fr. en principal, plus 8 décimes = 90 fr. à 1.800 fr.
En cas de récidive : Emprisonnement de 5 jours à 1 mois et amende doublée sauf réduction par suite de circonstances atténuantes (art. 463 du C. pén.) (LL. 11 juin 1859, art. 21 ; 2 juillet 1862, art. 21 et 26 et 29 décembre 1873, art. 4).
2° *Altération de l'empreinte du timbre, notamment en la couvrant d'écriture* : Amende de 5 fr. en principal, plus 8 décimes = 9 fr., sans préjudice du droit de timbre (LL. 13 brumaire an 7, art. 26 et 16 juin 1824, art. 10).

Assurances.
Contrats d'assurances (autres que les assurances maritimes, contre l'incendie, sur la vie, contre les accidents corporels, les accidents ou risques matériels et les risques agricoles) et toutes conventions postérieures contenant prolongation de l'assurance, augmentation dans la prime ou dans le capital assuré, rédigés sur papier non timbré : Amende de 50 fr., en principal, plus 8 décimes = 90 fr. contre l'assureur sans aucun recours contre l'assuré (L. 5 juin 1850, art. 33).
Défaut de visa pour timbre, dans les cinq jours de la date, des polices contenant une clause de tacite reconduction : Même amende.
Contrats d'assurances maritimes et toutes conventions postérieures contenant prolongation de l'assurance, augmentation dans la prime ou dans le capital, ou bien (en cas de police flottante) portant désignation d'une somme en risque ou d'une prime à payer, non rédigés sur papier timbré : Amende de 50 fr. en principal, plus 8 décimes = 90 fr., contre chacun des assureurs et assurés (L. 5 juin 1850, art. 42).
*Contrats d'assurances passés en pays étrangers et ayant exclusivement pour objet des immeubles ou des

valeurs situés à l'étranger, et dont il est fait usage en France sans qu'ils aient été soumis au timbre : Amende de 50 fr. en principal, plus 8 décimes = 90 fr. (L. 30 décembre 1876).
Défaut de paiement de la taxe de timbre dans le délai légal par les compagnies d'assurances contre l'incendie, sur la vie, contre les accidents corporels, les accidents et risques matériels et les risques agricoles : Amende de 100 à 5.000 fr. en principal, plus 8 décimes = 180 à 9.000 fr. (LL. 29 décembre 1884, art. 8 ; 29 juin 1918, art. 21 et 14 juin 1919, art. 2).

Avances sur titres. — *Actes sous-seings privés d'avances sur titres* non timbrés ou revêtus de timbre irrégulièrement oblitérés : Amende de 6 p. 100 en principal, plus 8 décimes = 10,80 p. 100, du montant de l'avance consentie, sans qu'elle puisse être inférieure à 50 fr. en principal, plus 8 décimes = 90 fr. (L. 11 septembre 1919, art. 4).

Capitalisation (Sociétés de). — Défaut de timbre des polices, bons ou contrats (timbre proportionnel spécial). Pas de pénalité (L. 25 juin 1920, art. 38).

Cartes d'entrée dans les cercles et casinos. — *Cartes non timbrées ou revêtues* de timbres mobiles apposés irrégulièrement : Amende de 200 fr. en principal, plus 8 décimes = 360 fr., contre le titulaire ou le porteur et le directeur responsable de l'établissement, solidaires (L. 31 juillet 1920, art. 46-B.).

Cartes d'identité.
Cartes non timbrées ou dont le droit de timbre auquel le visa de la carte donne ouverture n'a pas été acquitté : Amende, 20 fr. en principal, plus 8 décimes = 36 fr. à la charge de l'autorité responsable du timbrage (LL. 29 avril 1921, art. 15 ; 13 brumaire an 7, art. 26-5° et 16 juin 1824, art. 10).

Casier judiciaire.
Droit de timbre non acquitté et irrégularités commises par le greffier dans la perception de ce droit (sauf en ce qui concerne les inscriptions au répertoire spécial) : Amende de 50 fr. en principal, plus 8 décimes = 90 fr. (L. 31 juillet 1920, art. 25).

Chèques.
Chèques non timbrés : Amende de 50 fr. en principal, plus 8 décimes = 90 fr. (L. 23 août 1871, art. 23).
Chèque non acquitté : Même amende contre le payeur (L. 19 février 1874, art 7).
Chèque émis sans date ou non daté en toutes lettres, s'il s'agit d'un chèque de place à place ; chèque revêtu d'une fausse date ou d'une fausse énonciation du lieu où il est tiré : Amende, contre le tireur, de 6 p. 100 en principal, plus 5 décimes = 10,80 p. 100 de la somme pour laquelle le chèque est tiré, sans qu'elle puisse être inférieure à

(1) Les lois concernant les décimes des pénalités sont celles des 6 prairial an 7, art. 13 ; 23 août 1871, art. 13 ; 30 décembre 1873, art. 2 ; 25 juin 1920 art. 110 ; 12 mars 1924, art. 3.

100 fr. en principal, plus 8 décimes = 180 fr.

La même amende est due personnellement et sans recours par le premier endosseur ou le porteur d'un chèque sans date ou non daté en toutes lettres, s'il est tiré de place en place, ou portant une date postérieure à celle à laquelle il est endossé ou présenté. Cette amende est due, en outre, par celui qui paye ou reçoit en compensation un chèque sans date ou irrégulièrement daté ou présenté au paiement avant la date d'émission (LL. 14 juin 1865, art. 6 et 19 février 1874, art. 6).

Chèque émis sans provision préalable ni disponible : Même amende.

Provision inférieure au montant du chèque : Amende calculée sur la différence entre le montant de la provision et le montant du chèque.

Emission de mauvaise foi, sans provision préalable ni disponible, ou retrait, après l'émission, de tout ou partie de la provision : Deux mois à deux ans de prison et amende ne pouvant excéder, en principal, le double de la valeur nominale du chèque, ni être inférieure, en principal, au quart de cette valeur, et passible de 5 décimes, sauf application de l'art. 463 C. pén. sur les circonstances atténuantes (L. 2 août 1917, art. 1 et 2).

Communication (Refus de).

Aux agents de l'Enregistrement, par les Sociétés, Compagnies d'assurances, assureurs, entrepreneurs de transport et tous autres assujettis aux vérifications de ces agents, de leurs livres, registres, titres, polices, pièces de recettes, de dépenses et de comptabilité : Amende de 1.000 à 10.000 fr., en principal, plus 8 décimes = 1.800 à 18.000 fr. (LL. 23 août 1871, art. 22; 21 juin 1875, art. 7 et 17 avril 1906, art. 5).

En outre, la condamnation à représenter a lieu sous une astreinte non soumise aux décimes de 100 fr. au minimum par jour de retard (L. 17 avril 1906, art. 5).

Aux agents du Trésor ayant au moins le grade de contrôleur ou d'inspecteur adjoint, par tout commerçant faisant un chiffre d'affaires supérieur à 50.000 fr., les livres dont la tenue est prescrite par le titre II du Code de commerce et les documents annexes, pièces de recettes ou de dépenses, ou destruction avant le délai fixé par l'art. 11 C. comm. : Mêmes sanctions (L. 31 juillet 1921, art. 32).

Contrats de transport.

1° *Transports par route* :

Lettre de voiture non timbrée ou non frappée du timbre noir : Amende de 50 fr. en principal, plus 8 décimes = 90 fr. (LL. 11 juin 1842, art. 7 et 2 juillet 1862, art. 22).

2° *Transports par chemin de fer* :

A. — *Transports ordinaires.*

Droits de timbre perçus par la Compagnie en compte avec le Trésor non versés (bulletins de bagages, récépissés, bulletins d'expédition, etc.); expédition, non accompagnée d'une lettre de voiture, ou non constatée sur un registre à souche, timbré sur la souche et sur le talon : Même amende (LL. 13 mai 1863, art. 10 et 29 juin 1918, art. 34; arrêté ministériel 9 juin 1892, art. 8).

Lettre de voiture internationale non timbrée ou établie en contravention : Même amende (L. 27 décembre 1892, art. 1 et 2).

B. — *Colis postaux. Colis agricoles. Envois contre remboursement et transports de monnaies.*

Droits de timbre non acquittés, formules d'expédition, récépissés ou lettres de voiture non timbrés et toutes contraventions aux dispositions relatives au transport des colis postaux : Même amende (L. 3 mars 1881, art. 5).

C. — *Transports en groupage.*

Récépissés non timbrés et toutes contraventions aux dispositions relatives aux expéditions en groupage : Même amende, portée, en cas de récidive dans le délai d'un an, à 100 fr. en principal, plus 8 décimes = 180 fr. (L. 30 mars 1872, art. 2).

3° *Transports maritimes :*

Connaissements créés en France et non timbrés : Amende de 50 fr. en principal, plus 5 décimes = 75 fr., contre le chargeur : Amende égale exigée, personnellement et sans recours, tant du capitaine que de l'armateur ou de l'expéditeur du navire (L. 30 mars 1872, art. 6).

Timbres mobiles irrégulièrement apposés sur les connaissements : Même amende (LL. 30 mars 1872, art. 7 et 25 mai 1872, art. 4).

Défaut de mention sur le connaissement existant entre les mains du capitaine du nombre des originaux rédigés conformément à l'art. 1325 C. civ. : Droit de timbre triple (L. 30 mars 1872, art. 5).

Défaut, par les capitaines de navires français ou étrangers, d'exhiber aux agents des douanes, soit à l'entrée, soit à la sortie, les connaissements dont ils doivent être porteurs : Amende de 100 à 600 fr. en principal, plus 8 décimes = 180 à 1.080 fr. (L. 30 mars 1872, art. 6, et décret du 16 messidor an 13, art. 1 et 2).

Copies d'exploits.

Timbres mobiles non apposés ou apposés sans l'accomplissement de toutes les formalités prescrites : Amende, 50 fr. en principal, plus 8 décimes = 90 fr. (L. 29 décembre 1873, art. 5).

Copies d'exploits, de significations de jugements, actes ou pièces, incorrectes, illisibles ou contenant des abréviations, ou ayant plus de 30 lignes à la page et de 30 syllabes à la ligne : Amende de 25 fr. en principal, plus 8 décimes = 45 fr. (L. 2 juillet 1862, art. 20).

Effets négociables et non négociables. — Lettres de change, billets à ordre, au porteur, mandats, billets simples, etc...

Effets négociables :

Effet non timbré ou insuffisamment timbré;

Effet qui, ayant été reçu du souscripteur, non timbré, n'a pas été soumis au visa pour timbre (triple droit) dans les quinze jours de sa date, ou avant l'échéance si l'effet à moins de quinze jours de date et, dans tous les cas, avant toute notification;

Effet venant de l'étranger ou des colonies dans lesquelles le timbre n'est pas établi et payable en France, non soumis au timbre ou au visa pour timbre avant d'y être négocié, accepté, ou acquitté;

Effet souscrit en France et payable hors de France non timbré ou insuffisamment timbré : Amende de 6 p. 100 en principal, plus 8 décimes = 10,80 p. 100. Le souscripteur, l'accepteur, le bénéficiaire ou premier endosseur en sont passibles chacun.

En outre, en ce qui concerne les effets venant de l'étranger ou des colonies, le premier des endosseurs résidant en France, et, à défaut d'endossement en France, le porteur, est passible de ladite amende de 10,80 p. 100.

S'il y a seulement insuffisance de timbre, l'amende ne porte que sur la somme pour laquelle le droit de timbre n'a pas été payé (LL. 5 juin 1850, art. 4 et 9; 16 juin 1824, art. 12 et 31 décembre 1920, art. 11).

Encaissement par des personnes, sociétés ou établissements publics, pour leur compte ou pour le compte d'autrui, même sans leur acquit d'effets de commerce non timbré : Même amende (L. 5 juin 1850, art. 7).

Tous les contrevenants sont tenus solidairement du paiement des droits et amendes, dont le porteur fait l'avance (L. 5 juin 1850, art. 6).

Effets non négociables : Billets simples, obligations.

Défaut ou insuffisance de timbre : Même amende.

Le souscripteur, le bénéficiaire ou le porteur en sont passibles chacun.

Solidarité et encaissement : Mêmes règles, même amende (LL. 6 prairial an 7, art. 6 et 10 février 1874, art. 4).

Tous les effets négociables ou non négociables sur lesquels ont été apposés des timbres mobiles sans l'accomplissement des formalités prescrites ou des timbres mobiles ayant déjà servi sont considérés comme non timbrés (L. 11 juin 1859, art. 20).

Protêt d'effet négociable non timbré : voir *infra*, USAGE D'ACTE NON TIMBRÉ.

Enregistrement d'actes non timbrés. Enregistrement d'actes non timbrés, non timbrés régulièrement, ou non visés pour timbre; enregistrement de protêts d'effets négociables sans représentation de ces effets : Amende de 10 fr. en principal, plus 8 décimes = 18 fr., contre les préposés de l'enregistrement (LL. 13 brumaire au 7, art. 26 et 16 juin 1824, art. 10).

Expéditions. — *Expédition écrite sur papier non timbré* : Amende de 20 fr.

en principal, plus 8 décimes = 36 fr. (LL. 13 brumaire an 7, art. 26 et 16 juin 1824, art. 10).

Expédition écrite sur du papier timbré d'un format inférieur à celui appelé moyen papier (6 fr.) et dont le prix est réduit à 3 fr. pour les expéditions des actes civils, administratifs, judiciaires et extra-judiciaires : Amende de 10 fr. en principal, plus 8 décimes = 18 fr., contre les notaires, greffiers, arbitres et secrétaires des administrations et autres dépositaires publics.

Il en est de même pour les expéditions des procès-verbaux de vente mobilières (LL. 13 brumaire an 7, art. 19 et 26; 28 août 1816, art 63 et 16 juin 1824, art. 10).

Expédition contenant, compensation faite d'une feuille à l'autre, plus de 25 lignes par page et de 15 syllabes à la ligne, ou, en ce qui concerne les greffiers, en matière civile et commerciale, plus de 20 lignes à la page et 12 à 14 syllabes à la ligne, compensation faite entre les lignes : Amende de 5 fr. en principal, plus 8 décimes = 9 fr. (LL. 13 brumaire an 7, art. 26 et 16 juin 1824, art. 10).

Luxe (taxe de). Participation à une vente de marchandises, denrées, fournitures ou objets désignés comme étant de luxe, soit comme acquéreur, soit comme vendeur, sans qu'une quittance du prix ait été délivrée et sans que la taxe ait été acquittée : Amende égale au triple de la taxe qui n'a pas été payée, soumise à 5 décimes avec minimun de 100 fr. en principal, plus cinq décimes = 150 fr.

Marques de fabriques.

Vente des objets par le propriétaire de la marque de fabrique ou de commerce à un prix supérieur à celui correspondant à la quotité du timbre : Amende de 100 à 5.000 en principal, plus 8 décimes = 180 à 9.000 fr. (L. 26 novembre 1873, art. 4).

Contrefaçon ou falsification des timbres spéciaux, usage de timbres falsifiés ou contrefaits : Peines de l'article 140 du C. pénal (travaux forcés à temps, dont le maximum doit toujours être appliqué), sans préjudice des réparations civiles.

Tout autre usage frauduleux des timbres, étiquettes, bandes, enveloppes et estampilles : Peines de l'art. 142 du C. pénal (2 à 5 ans de prison; privation des droits civiques, civils et de famille; surveillance de la haute police), sauf réduction par suite de circonstances atténuantes (art. 463 du C. pénal) (L. 26 novembre 1873, art. 6).

Officiers publics et ministériels et fonctionnaires publics.

Emploi d'un autre papier que celui fourni par la Régie (sauf le parchemin présenté au timbrage à l'extraordinaire) : Amende de 20 fr. en principal, plus 8 décimes = 36 fr. (LL. 13 brumaire an 7, art 36 et 16 juin 1824, art. 10).

Minutes, feuilles d'audience et registres timbrés des greffiers des cours d'appel, des tribunaux de première instance et de commerce et des justices de paix, contenant plus de 30 lignes à la page de 20 syllabes à la ligne, sur une feuille au timbre de 4 fr.; de 40 lignes à la page et de 25 syllabes à la ligne, sur une feuille au timbre de 6 fr.; de 50 lignes à la page et de 30 syllabes à la ligne, sur une feuille au timbre de 8 fr. : Amende de 5 fr. en principal, plus 8 décimes = 9 fr., sans préjudice des droits de timbre (Décret 8 décembre 1862, art. 4; L. 16 juin 1824, art. 12).

Opérations de Bourse.

I. *Bourses des valeurs :* Communication (Refus de) aux agents de l'Enregistrement du répertoire dont la tenue est prescrite par l'art. 30 de la loi du 28 avril 1893 à quiconque fait commerce habituel de recueillir les offres et les demandes de valeurs de Bourse : Amende de 100 à 1.000 fr. en principal, plus 8 décimes = 180 à 1.800 fr. (L. 28 avril 1893, art. 30).

Aux agents de l'Enregistrement, par les mêmes personnes de leurs écritures : Même amende.

En outre, la condamnation a représenter a lieu sous une astreinte non soumise aux décimes, de 100 fr. au minimum par jour de retard.

Déclaration (Défaut de) d'ouverture d'établissement, préalablement à toute opération, par quiconque veut se livrer au commerce habituel de recueillir les offres et demandes de valeurs de Bourse : Amende de 100 à 5.000 fr. en principal, plus 8 décimes = 180 à 9.000 fr. (L. 28 avril 1893, art. 29 et 32).

Répertoire : Inexactitude ou omission au répertoire : Amende égale au vingtième des valeurs sur lesquelles a porté l'inexactitude ou l'omission, passible de 5 décimes, et au minimum de 3 000 fr. en principal, plus 8 décimes = 5.400 fr. (L. 28 avril 1893, art. 32).

Toutes autres infractions que celles ci dessus indiquées, tant aux lois des 28 avril 1893 et 25 juin 1920, art. 47, qu'au règlement d'administration publique rendu pour l'exécution de la première de ces lois : Amende de 100 à 5.000 fr. en principal, plus 8 décimes = 180 à 9.000 fr. (L. 28 avril 1893, art. 32).

II. *Bourses de commerce. — Répertoire :* Inexactitude ou omission, soit au répertoire, soit à l'extrait du répertoire que doivent tenir les courtiers, commissionnaires et toutes autres personnes faisant commerce habituel de recueillir des offres et des demandes relatives à des marchés à terme ou à livrer des marchandises et denrées, dont le trafic à livrer est réglementé dans les Bourses de commerce : Amende égale au vingtième du montant des opérations sur lesquelles a porté l'inexactitude ou l'omission, passible de 8 décimes, et au maximum de 3.000 fr., plus 8 décimes = 5.400 fr. (L. 27 février 1912, art. 11).

Toutes autres infractions que celle ci-dessus indiquée, aux articles 8, 9 et 10 de la loi du 27 février 1912, relatifs aux opérations d'achat ou de vente de marchandises à terme ou à livrer ou au règlement d'administration publique rendu pour leur exécution : Amende de 100 à 5.000 fr. en principal, plus 8 décimes = 180 à 9.000 fr. (L. 27 février 1912, art. 11).

Ordres de virement.

Ordre de virement non timbré ou insuffisamment timbré, ne devant pas être exécuté sur une place autre que celle d'où il a été donné : Amende de 50 fr. en principal, plus 8 décimes = 90 fr. contre le souscripteur (L. 30 juillet 1913, art. 12).

Ordre de virement non timbré ou insuffisamment timbré, devant être exécuté sur une place autre que celle d'où il a été donné : Amende de 6 p. 100 en principal, plus 8 décimes = 10,80 p. 100 contre le souscripteur et même amende contre le banquier qui a exécuté l'ordre de virement, amendes dont ils sont tenus solidairement (L. 30 juillet 1913, art. 12).

Banquier recevant un ordre de virement donné par une personne résidant hors de France pour être exécuté en France, et ne l'ayant pas fait timbrer avant tout usage : Même amende (Mêmes loi et article).

Toutes ces dispositions sont applicables également au cas où l'ordre de virement est donné à un agent de change (L. 15 juillet 1914, art. 30).

Quittances non timbrées, insuffisamment timbrées ou revêtues d'un timbre apposé irrégulièrement : Amende de 50 fr. en principal, plus 8 décimes = 90 fr. contre le créancier (L. 23 août 1871, art. 23).

Titres négociables. I. *Titres français :*

Action émise sans paiement du droit de timbre ou non tirée d'un registre à souche : Amende de 12 p. 100 en principal, plus 8 décimes = 21,60 p. 100 du montant de l'action contre la Société (L. 5 juin 1850, art. 8).

Agent de change ou courtier ayant concouru à la cession ou au transfert d'un titre d'action non timbré : Amende de 10 p. 100 en principal, plus 8 décimes = 18 p. 100 du montant de l'action (Mêmes loi et article).

Agent de change ou courtier ayant concouru à la cession ou au transfert d'un titre d'obligation non timbré : Amende de 10 p. 100 en principal, plus 8 décimes = 18 p. 100 du montant de l'obligation (LL. 5 juin 1850, art. 32 et 13 brumaire an 7, art. 14).

Défaut de paiement dans le délai de la taxe d'abonnement au timbre : Pas de pénalité (L. 5 juin 1850, art. 31).

Défaut de paiement dans le délai par les Sociétés de la taxe d'abonnement au timbre : Pas de pénalité (L. 5 juin 1850, art. 22).

Contravention à l'une des prescriptions relatives au timbrage (ou à la mention imprimée le remplaçant. — L. 31 décembre 1920, art. 10) des actions et obligations : Amende de 50 fr. en principal, plus 8 décimes = 90 fr. (L. 5 juin 1850, art. 23).

Obligation souscrite sans paiement du droit de timbre ou non tirée d'un registre à souche : Amende de 10 p. 100, plus 8 décimes = 18 p. 100 du montant de l'obligation, contre la Société, le département, la commune ou l'établissement public (L. 5 juin 1850, art. 8).

II. *Titres étrangers :*

Émission, souscription, exposition en vente, cotation, négociation, remboursement et transfert en France, énonciation dans tout acte public ou privé de titres de rentes, emprunts et autres effets publics des Gouvernements étrangers et de titres d'actions ou d'obligations des Sociétés, Compagnies ou entreprises, villes, provinces et corporations étrangères n'acquittant pas la taxe d'abonnement au timbre, sans que le droit de timbre ait été payé : Amende de 5 p. 100 en principal, plus 8 décimes = 9 p. 100 de la valeur imposable des titres, avec minimum de 100 fr. en principal, plus 8 décimes = 180 fr.

Cette amende est due personnellement par ceux qui ont procédé auxdites opérations.

La même amende est exigée de ceux qui ont publié lesdites opérations sans déclaration préalable.

Le souscripteur ou preneur des titres est tenu solidairement de l'amende (L. du 29 mars 1914, art. 46, modifiant l'art. 3 de la loi du 25 mai 1872).

Défaut d'énonciation dans les actes publics autres que les inventaires ou privés des lieu, date et numéro du visa pour timbre et du montant du droit de timbre payé, ou des mentions contenues dans l'empreinte du timbre apposé : Même amende calculée sur la valeur nominale des titres et, en outre, amende de 100 fr. en principal, plus 8 décimes = 180 fr. contre l'officier public ou ministériel contrevenant qui demeure responsable des droits de timbre (L. 28 décembre 1895, art. 5).

Défaut de paiement ou de justification dans le délai du paiement du droit de timbre exigible sur les mêmes titres énoncés dans un inventaire : Amende de 5 p. 100, plus 8 décimes = 9 p. 100 de la valeur nominale des titres, avec minimum de 100 fr. en principal, plus 8 décimes = 180 fr.

Tous les ayants droit aux valeurs non timbrées sont solidaires pour le paiement de l'amende.

Défaut d'énonciation dans l'inventaire fait au vu du titre, des lieu, date et numéro du visa pour timbre et du montant du droit de timbre payé, ou des mentions contenues dans l'empreinte du timbre apposé : Amende 100 fr. en principal, plus 8 décimes = 180 fr. contre le notaire contrevenant (LL. 28 décembre 1895, art. 5 et 31 décembre 1907, art. 7).

Usage d'acte non timbré.

Usage par notaires, huissiers, greffiers, arbitres, experts, juges et administrations publiques, d'actes, registres, ou effets de commerce, non écrits sur papier timbré du timbre prescrit ou non visé pour timbre;

Cote et paraphe par un juge ou un officier public d'un registre assujetti au timbre et non timbré : Amende de 20 fr. en principal, plus 8 décimes = 36 fr. (L. 13 brumaire an 7, art. 26 et 16 juin 1824, art. 10).

Défaut de déclaration, dans les actes publics, judiciaires ou extra-judiciaires, du timbre de tout acte sujet au timbre, non enregistré, et mentionné dans lesdits actes, et d'énonciation du montant du droit de timbre payé : Amende de 10 fr. en principal, plus 8 décimes = 18 fr. contre les notaires, avoués, greffiers, huissiers et autres officiers publics (L. 18 juin 1850, art. 49).

Usage en justice, sans les avoir soumises préalablement à la formalité du timbre, d'écritures privées rédigées sur papier non timbré sans contravention aux lois sur le timbre : Amende de 5 fr. en principal, plus 8 décimes = 9 fr. (LL. 13 brumaire an 7, art. 30 et 16 juin 1824, art. 10).

Protêt d'un effet négociable ou de commerce non timbré : Amende de 20 fr. en principal, plus 8 décimes = 36 fr. contre le notaire ou l'huissier qui sont tenus, en outre, d'avancer le droit de timbre et les amendes encourues, sauf leur recours (L. 24 mai 1834, art. 23).

Usage d'actes faits en pays étranger ou dans les colonies où le timbre n'est pas établi, sans avoir été préalablement soumis à la formalité du timbre : Pas de pénalité (L. 13 brumaire an 7, art. 13).

Vente de papier timbré sans commission : Amende de 20 fr. en principal, plus 8 décimes = 36 fr. pour la première fois et de 300 fr. en principal, plus 8 décimes = 540 fr. en cas de récidive (LL. 13 brumaire an 7, art. 27 et 16 juin 1824, art. 10).

Vente frauduleuse de papier timbré : Peines prononcées par le C. pénal (art. 139 et suiv.) contre les contrefacteurs de timbres (L. 13 brumaire an 7, art. 28).

Vente de papier timbré et de timbres mobiles ayant déjà servi : Peines correctionnelles : Amende de 50 à 1.000 fr. en principal, plus 30 décimes = 200 à 4.000 fr. et, en cas de récidive, 5 jours à 1 mois de prison avec amende doublée.

RÉCLAMATIONS EN MATIÈRE D'ENREGISTREMENT ET DE TIMBRE

INSTRUCTIONS

Voie administrative.

La voie de la réclamation administrative est ouverte aux parties par l'art. 63 de la loi du 22 frim. an VII, pour la solution des difficultés qui peuvent s'élever relativement à la perception des droits d'enregistrement. Les pétitions doivent être rédigées sur papier timbré (L. 13 brum. an VII, art. 12). On peut les remettre directement au receveur de l'enregistrement du bureau que l'affaire concerne, ou les envoyer au directeur qui réside au chef-lieu de chaque département, ou enfin les adresser par la poste au directeur général de l'enregistrement à Paris, soit au ministre des Finances.

Les notaires ont qualité pour demander en leur nom ou pour leurs clients la restitution des droits d'enregistrement indûment perçus.

Les pétitions adressées aux directeurs des départements doivent être affranchies.

La réclamation administrative n'a point pour effet d'interrompre la prescription biennale prononcée par l'art. 61 de la loi du 22 frim. an VII en matière de restitution de droits. Cette interruption ne peut résulter que d'une demande signifiée et enregistrée avant l'expiration du délai de deux ans (Cass., 15 janv. 1836).

Voie judiciaire.

C'est devant le tribunal civil de l'arrondissement du bureau où la perception a été faite ou de celui qui a décerné la contrainte que doit être portée l'instance. S'il s'agit d'une restitution de droits le tribunal est saisi par une assignation qui est signifiée par un huissier à la régie en la personne, soit du directeur départemental, soit du receveur pour les bureaux autres que ceux du chef-lieu du département, soit du directeur général, à Paris. S'il s'agit d'un supplément de droit réclamé par la régie, on doit attendre la signification de la contrainte qui est le premier acte de poursuite pour le recouvrement des droits;

mais pour en interrompre l'exécution, il faut faire signifier *immédiatement* soit au receveur lui-même, soit au directeur du département, soit au directeur général à Paris, une opposition contenant assignation à jour fixe ou dans les délais de la loi devant le tribunal civil de l'arrondissement du bureau d'où émane la contrainte. Cette opposition ou l'assignation en restitution doit être *motivée* et renfermer une élection de domicile dans la commune où siège le tribunal (L. 22 frim. an VII, art. 64).

L'instruction se fait ensuite par simples mémoires respectivement signifiés. Le ministère des avoués n'est point obligatoire (L. 27 vent. an IX, art. 17); si les parties jugent à propos de le requérir, les frais de cette intervention restent en tout cas à leur charge; elles ne peuvent les répéter contre la régie, même lorsque celle-ci succombe et est condamnée aux dépens. Quel que soit le mode d'introduction de l'instance les parties, ainsi que l'Administration, ont le droit de présenter des explications orales soit par elles-mêmes, soit par le ministère d'un avocat inscrit au tableau ou d'un avoué plaidant (L. 30 avril 1921, art. 7).

Les pièces des instances en matière d'enregistrement doivent donc être remises au greffe du tribunal civil par les parties elles-mêmes ou leurs mandataires, et pour obtenir la désignation du juge rapporteur et l'appel de la cause, elles doivent s'adresser directement au président.

Les jugements sont rendus sur le rapport d'un juge fait en audience publique et sur les conclusions du ministère public; ils sont sans appel, mais ils peuvent être attaqués par voie de cassation (L. 22 frim. an VII, art. 65).

Les frais d'une instance en matière d'enregistrement ne se composent que des droits d'enregistrement, de timbre, et des frais de signification des contraintes, opposition et mémoires échangés ainsi que des droits d'enregistrement et de timbre du jugement; ils sont ordinairement peu élevés et ne dépassent guère 30 à 40 francs. Mais la partie doit en outre des honoraires particuliers pour le mémoire qu'elle fait rédiger, et ce sans pouvoir en réclamer le remboursement à la Régie, en cas de condamnation contre celle-ci.

Pourvois en cassation.

Le délai pour se pourvoir en cassation est de deux mois à partir de la signification du jugement. Les formes et délais sont les mêmes qu'en matière civile. Les parties doivent en conséquence s'adresser à un avocat à la Cour de cassation pour former leur pourvoi. Elles ne doivent pas attendre pour cela au dernier moment, car il faut que l'avocat ait le temps de préparer sa requête, de la déposer au greffe de la Cour de cassation et de consigner l'amende, ce qui doit avoir lieu dans les deux mois de la signification du jugement, à peine de déchéance.

Amendes et pénalités. Remise.

Lorsqu'il s'agit d'amendes encourues et que les contraventions sont excusables ou proviennent d'erreur, on peut se pourvoir auprès du ministre des Finances pour obtenir la remise entière ou partielle des amendes. La pétition, rédigée sur papier timbré, peut être remise au receveur du bureau ou adressée par la poste soit au directeur général à Paris, soit au ministre des Finances.

L'article 12 de la loi du 8 avril 1910 a supprimé tout recours à la juridiction gracieuse en ce qui concerne le droit en sus encouru pour omission d'espèces ou de titres au porteur et le double droit en sus exigible en cas d'omission ou d'insuffisance revêtant un caractère frauduleux.

En matière de mutation par décès, le droit de remise ne subsiste que pour les pénalités applicables au défaut de déclaration dans le délai, aux insuffisances non frauduleuses et aux omissions de même nature, portant sur des valeurs autres que le numéraire et des titres au porteur.

FORMULES

---

1. — Demande en remise de droits ou demi-droits en sus, ou d'amendes.

A Monsieur le ministre des Finances.

Monsieur le ministre,

Le soussigné..., notaire à ..., a l'honneur de vous exposer les faits suivants :

(Faire connaître en détail les circonstances de l'affaire.)

Dans cet état, l'administration de l'enregistrement réclame une somme de ... pour droits (ou demi-droits) en sus (ou pour amendes).

Mais il y a lieu de remarquer que ... *(donner les motifs d'excuses des parties).*

Ces motifs, monsieur le Ministre, sont dignes d'être pris en considération *(insister sur l'état de fortune, l'honorabilité des parties, etc.).*

Le soussigné ose donc espérer que vous voudrez bien tempérer la rigueur de la loi, à raison de la bonne foi de ses clients, et leur accorder la remise de la totalité ou de la plus grande partie des droits (ou 1/2 droits) en sus (ou amendes) réclamés. Ils offrent, d'ailleurs, d'acquitter immédiatement les droits simples et la portion qui sera réservée des droits (ou demi-droits) en sus (ou des amendes).

Veuillez agréer...

(Signature.)

2. — Demande en restitution de droits ou demi-droits en sus, ou d'amendes.

(Même formule que ci-dessus, avec cette seule différence qu'au lieu d'expliquer que la Régie réclame, il faut dire qu'elle a perçu, et qu'au lieu de demander la remise, on demandera la restitution à titre de remise.

3. — Réclamation, par la voie administrative, de droits indûment perçus.

A Monsieur le Directeur de l'enregistrement à ...

Monsieur le Directeur,

Je soussigné ..., notaire à ..., ai l'honneur de vous exposer ce qui suit :

Suivant acte reçu par moi, le ... *(énoncer sommairement les dispositions de l'acte).*

Cet acte a été présenté à la formalité de l'enregistrement au bureau de ..., le ..., et il a été perçu ... *(donner in extenso le détail des droits).*

Cette perception paraît exagérée *(donner les explications particulières, en motivant, par les textes de loi et la jurisprudence, la véritable perception qui aurait dû être faite).*

En conséquence, il n'était dû sur l'acte dont il s'agit que ... *(donner le détail, principal et décimes, des droits dus);*

Or, il a été, au contraire, perçu ... *(reproduire en bloc, principal et décimes, le chiffre des droits perçus);*

D'où il résulte une différence de ..., dont j'ai l'honneur de demander la restitution à mon profit, comme ayant fait l'avance des droits.

Agréez... *(Signature.)*

4. — Assignation en restitution.

L'an mil ...

A la requête de ... *(noms et prénoms des parties)* ... qui demeurent à ..., et font élection de domicile à ...

J'ai ..., huissier ...

Donné assignation à M. le Directeur général de l'enregistrement, des domaines et du timbre dont le domicile est à Paris, au ministère des Finances, rue de Rivoli, qui a reçu copie et visé l'original, à comparaître à huitaine franche et dans le délai de la loi pardevant MM. le président et juges composant le tribunal civil de première instance de ..., pour :

Attendu que suivant acte ... *(Voir la formule n° 3 ci-dessus.).*

Attendu, dès lors, que l'Administration de l'enregistrement a ainsi perçu au préjudice de mes requérants une somme de ...

Voir dire que ladite administration sera contrainte par les voies de droit à la leur rembourser.

5. — Opposition à contrainte.

L'an ...

A la requête de ..., etc.

J'ai, huissier ...

Signifié à M. le Directeur général..., représenté par M. ..., receveur *(celui qui a décerné la contrainte),* qui a reçu copie et visé l'original, que mes requérants s'opposent formellement à l'exécution de la contrainte qui leur a été signifiée le ..., par acte de ...

Et ce, attendu que *(indiquer succinctement, mais complètement, les motifs sur lesquels est fondée l'opposition ; une opposition insuffisamment motivée pouvant être déclarée nulle par le tribunal);* attendu, dès lors, que la perception originairement faite est régulière, que les droits réclamés ne sont pas dus, ainsi qu'il en sera ultérieurement justifié par le mémoire qui sera produit conformément à la loi du 22 frimaire an VII.

Et j'ai, ès même requête, immédiatement assigné M. le Directeur général de l'enregistrement à comparaître, etc...

Pour voir annuler ladite contrainte.

6. — Mémoire.

A MM. les président et juges composant le tribunal de première instance de ...

Contre M. le Directeur général de l'Administration de l'Enregistrement, des domaines et du timbre, poursuite et diligences de M. le Directeur du département de ...

Exposé des faits.

. . . .

Discussion.

. . . .

Conclusions.

Par ces motifs et autres de droits et d'équité à suppléer, s'il y a lieu, M ..., conclut à ce qu'il plaise au tribunal :

Vu les mémoires respectivement signifiés, entendu le juge commis, en son rapport, et le ministère public en ses conclusions.

Dire et ordonner que la contrainte dont il s'agit sera considérée comme nulle et non avenue.

Débouter M. le Directeur de l'Enregistrement de ses demandes et prétentions ; le condamner aux dépens de l'instance.

M ... joint à ce mémoire :

1° Copie des actes qui donnent lieu à la réclamation ;

2° L'avertissement qui a précédé la contrainte ;

3° La contrainte ;

4° L'original de l'opposition à contrainte, etc.

Fait à ..., le ... *(Signature.)*

Commentaires des lois nouvelles :

Recueil général des Lois et Décrets

COMPLÉMENT PÉRIODIQUE DES DIVERSES ÉDITIONS DES CODES

Par les Rédacteurs du *Journal des Notaires et des Avocats*, avec la collaboration des spécialistes les plus autorisés.

PRIX DE L'ABONNEMENT ANNUEL (1er janvier au 31 décembre) : 35 francs.

Administration : **6, rue de Mézières, PARIS (VIe)**

En raison de la multiplicité des lois nouvelles, les journaux ou revues professionnels doivent nécessairement faire un choix et n'insèrent que les documents intéressant directement la corporation à laquelle ils s'adressent ; mais les hommes d'affaires et les officiers publics et ministériels sont consultés par leurs clients sur les lois les plus diverses qu'on ne saurait trouver que dans un recueil spécial de législation.

Le but du *Recueil général des Lois* est précisément de fournir très rapidement à ses abonnés toutes les lois et tous les décrets d'un intérêt général, et de les accompagner de commentaires pratiques et de revues de jurisprudence dus à des collaborateurs autorisés, jurisconsultes ou praticiens dont le nom seul est une garantie.

Enfin les éditions des Codes sont tenues au courant par le *Recueil général*, au moyen d'une Table de référence aux Codes et d'intercalaires pouvant être collés en regard des textes modifiés.

COLLECTION ÉCONOMIQUE DU RECUEIL GÉNÉRAL DES LOIS
remontant au début de la guerre (1914) et comprenant :

1° **Le Dictionnaire des Lois de la guerre** contenant les principales lois promulguées de 1914 à 1919, avec de nombreux commentaires ;

2° **Les années 1920, 1921, 1922, 1923, 1924, 1925 et 1926** du *Recueil général des Lois* en volumes brochés ;

3° **L'abonnement 1927** au *même Recueil ;*

Soit 8 volumes et l'abonnement 1927 . . . . **200 fr.**

Si on le désire, ce prix peut être payé : 20 fr. comptant avec la demande et 20 fr. par mois.